本番に強い人は、ヤバいときほど力を抜く

人前で話すのが劇的にラクになる7つの技法

森下裕道

清流出版

プロローグ

あがりや緊張を取るには、どうすればいいのか？

こんにちは！　本書を手にとっていただき、ありがとうございます！

この本は――

「あがりや緊張、手足の震えを確実に克服したい！」

「ここぞ！　という本番で、力を発揮できるようになりたい！」

「ヤバい場面でも、落ち着けるようになりたい！」

「イライラや不安、ストレスから抜け出したい！」

「大勢の前でも、ビクビクせずに、楽しんで話せるようになりたい！」

などと、切実に願っている人へ向けて書いた本です。

もし、あなたがそう願っているのなら、本書はあなたのために書かれた本です。

ところで、あなたに質問があります。

「あなたは、ふつうにペットボトルの水が飲めますか?」

なんだ、このバカな質問は!? と思われたかもしれません。

当然、飲めるでしょう。だって、自然に水を飲めばいいんですから。

でも、これが「大勢の人が見ている前」だったら、どうでしょうか?

あなたのプレゼンが始まる前に、みんな、あなたに注目している。口を潤す意味でも、落ち着く意味でも、水を飲もうとしている。さて、ふつうに水を飲めるでしょうか?

とたんに、大勢に見られていると意識するあまり、ペットボトルを持つ手が震えたり、口に入れるまでの動作がぎこちなくなったり、なかには飲めなくなってしまう人もいるかもしれません。とくにあがり症や緊張しやすい人にはなおさらでしょう。

本来、自然に飲めるのものが、人目を意識したり、飲む動作を気にしたり、または過去に人前で緊張した体験が呼び起こされ、**心が凝りカタまってしまい、あがったり緊張してしまう**のです。緊張したとき、体もカタくなると思いますが、それは凝りカタまった心と連動して、カタくなるためです。

だから、**あがりや緊張を取るためには、凝り固まってしまった心をゆるませればいいだけ**なのです。

●心をゆるませれば、まわりの人間関係も良くなる！

このことは、イライラ、焦りや怒り、嫉妬、不安、恐怖、ストレスなどもすべてそう。

ちょっとしたことでイライラしたり、傷ついたり、不安や悩みで夜なかなか寝つけなかったり、日頃からストレスを抱えていたり、夫婦や職場、友人などの人間関係で悩んでいたりするのは……、心が凝り固まっているから。

力んで筋肉が固まると柔軟な動きができないように、**心が凝り固まると柔軟に考えられなくなり、物事の見方や考え方、捉え方まで硬化してしまいます。**

だから、**意図的に心をゆるませることができるようになれば、これらのことからも解**

放されるようになります。

本番に強い人と、そうでない人の違いは何か？

〝ここぞ！〟というプレゼンや商談で、あがり過ぎて失敗してしまう人。

一生懸命勉強したのに試験では、緊張して実力が出せない人。

スポーツでも練習ではいいのに、本番ではカタくなってしまい力が発揮できない人。

せっかくのチャンスだったのに、怖くなって逃げ出したりあきらめてしまった人……。

でも、逆に〝ここぞ！〟という大切な場面で上手くいく人がいます。試験や面接、スポーツの大会などでも、本番に強い人がいる。

その違いは、何か？

結局、**心をゆるませられるかどうか**です。

もっと詳しく言えば、**「肝心な場面で、意図的に、心をゆるませられるかどうか」「本番でも、普段と変わらずに、ゆるんでいる状態（落ち着いている状態）のままでいられる**

かどうか」です。

先程の「ペットボトルの水」の例で言えば――（これが肝心な場面かどうかは置いといて）――、もし大勢に見られていると思って緊張してしまったら、そこで意図的に心をゆるませて、リラックスしてから水を飲めばいいこと。もしくは、普段からどんな場面になっても落ち着いている心の状態であるよう鍛えておけば、大勢の前だって気にすることなく、ふつうに水を飲むことができるでしょう。

どうやってあがりを取るのかなんて、誰も教えてくれない！

「肝心なときにこそ、リラックスする」――言葉にしてしまうとカンタンです。

あなたも今まで学校の先生、上司や先輩、同僚から聞いたことがあるかもしれません。あがりや緊張克服の本にも、よく「リラックスが大事」とか書いてありますしね。

しかし――

「どうやったら、大切な本番で、リラックスできるようになるのか？」

「どうやったら、緊張が取れるのか？」
「肝心な場面で手や足が震えちゃったら、どうやって治せばいいのか？」
「頭がまっ白になってしまったら、どう対処すればいいのか？」
「そもそも、どうすれば、あがったり緊張しなくなるのか？」
を、具体的に教えてくれる人はいません。

いや、正確には教えてくれる人もいたかもしれません。

「自分の力以上に見せようとしなければいい」「深呼吸をして」「とにかく場数を踏むことだよ」「準備を万端に…」「緊張を受け入れろ」「何より自分を信じて」……などと。

でも、気休めぐらいにはなったけど、ほとんど変わらなかった。まあ、これで落ち着けるような人は、そもそもあがり症ではないし、緊張しやすい人ではありませんが。

なぜ、教えることができないか？　と言ったら、あがり症でない人にあがり症の気持ちなんかわからないし、あがりでたいして悩んでないから、具体的にどうすればいいのかを教えることができないためです。

でも、安心してください。

この本は、これらの疑問にすべてお答えしています。

なぜなら、この本は、「あがり症」や「過度の緊張」に20年以上悩み苦しみ続けてきた私が、必死にあがりや緊張を取る方法を探求し、いろいろな方法を試し、何度も失敗し恥をかいたり、不安や恐怖に潰されそうになったり、自己嫌悪に陥ったりしながら、誰よりも時間をかけて学び、考え、実践し、編み出してきた内容だからです。

実は、私は「極度の」あがり症だった!!

- 人前に立つだけで手や足がブルブル震え、顔や背中、脇の下、お尻に大量の汗をかく。
- 話そうとしても、口がカラカラに渇き、唇が歯にくっついて、ほとんど話せなくなる。
- 急な質問をされたり、目上の人と話すと、頭が真っ白になってしまう。
- プレゼンになると、どもったり言葉に詰まったり、声が裏返ったりしてしまう。
- 名詞交換になると手が震えるので、極力したくない。
- 人が見ている前だと、たった1人だったとしても、文字を書く手が震える。

●異性と話すと緊張する。加えて好きな異性の前ではひどくあがってしまう。
●セミナーや飲み会など、人が集まる場は緊張するので、極力行かないようにする。
●少しでも緊張する場面を想像したり、思い出すだけで、心臓がドキドキする。
●緊張すると、水を飲まなくてもトイレが尋常でないほど近くなる。また、何度行っても、また行きたくなる。
●プレゼンや面接などがあると、1週間以上前から不安で眠れなくなったり、お腹を壊したりする。

――これは全部、過去の私のことです。誇張なんかしていません。逆に文字数（ページ数）の関係で、大幅に削り、少なくまとめているぐらいです。

そんな私が今では、何千人を前にしたって、ビクビクせずに、いや、むしろ楽しんで話すことができます。

本番になると力が発揮できず、悩んでいたり自己嫌悪に陥ったり、クサッたりしていたこともあった私が、**今では、〝ここぞ！〟という本番にこそ、力を発揮できるようになりました！**

あなたが本当に変わりたいなら、絶対に変われる！

今まで誰よりも時間をかけ、文字通り、血と汗と涙をかけ、あがりを克服してきた私だからこそ、この本が書けたと自負しています。

あなたも昔の私のように、あがりや緊張で今まで相当悩んできたことでしょう。あがりのため、肝心な場面で力を発揮できなかったこと。あきらめてきたこと。ひどく失敗したことや恥をかいたこと。チャンスだとわかっていても逃げ出してしまったこと。今でもずっと後悔していることがあるかもしれません。

その悩みも、この本で解決されるでしょう。

この本では、昔の自分のようなあなたのために、何度も書き直し、私が最近身につけたノウハウも含め、**最もわかりやすく、最も効果的かつ最短距離で結果が出せるノウハウやテクニック、考え方、在り方をお伝えしている**からです。

あなたの今のあがり具合、緊張度合いにかかわらず、あなたが変わろうと思っているなら、必ず変われます！

もうあがりや緊張で悩むことから克服されたい！
ここぞ！　という大切な場面で力を発揮できるようになりたい！
大勢の前に出たって、落ち着いて楽しんで話せるようになりたい！
そう思うなら、そうなります!!

もし、あなたがあまり緊張しないという人なら、本番でもっとラクに結果を出せるようになるでしょう！

しかし、この本を読んだだけでは変わることはできません。

どんなに素晴らしく実践的な料理本を読んだって、当たり前ですが、実際に料理をつくらなければ、料理の腕は上達しません。

それと同様に、**この本に書かれていることを実践しなければ何も身につきません。**

でも、大丈夫です！　実践する内容は、まったく難しくありませんから。料理で言えば、目玉焼きをつくるぐらいにカンタンです。

実践してみれば、早い人では10分後には効果を実感するでしょう。

もちろん、すぐに効果が出なかったとしても、何度も行なえば間違いなく効果は出てきます。同じ料理も何度もつくるほど、美味しくなっていくのと同じように……。

ここまで読んでくれたあなたは、もう変わり始めています。だって、あなたはもう最初の一歩を踏み始めているのですから。

それでは、第1章「ムダな力みを取って、体をゆるめる。」のスタートです――。

見開きの左上端には折り線がついています。読んで理解し、実践したものには角を折り曲げるようにしてください。あなたが角を折ったページが増えれば増えるほど、あなたはどのような状況でも落ち着くことができるようになり、あなた本来の実力を発揮できる人になっていくはずです！

本番に強い人は、ヤバいときほど力を抜く
人前で話すのが劇的にラクになる7つの技法

Contents

第2章
視点を変え、「見いてる側」になる。

第5章 心の凝りカタまりを取って、心をゆるめる。 135

第6章
自分のセルフイメージを〝今、この瞬間〟から変える。

第7章
相手に心を向ける。

装丁・本文デザイン・図表作成　松永大輔
イラスト　湯沢知子

第1章

ムダな力みを取って、体をゆるめる。

☺あがりは体でコントロールできる

緊張やあがり、イライラ、焦りや怒り、嫉妬、不安、恐怖、ストレスを取り払うためには、「凝りカタまった心」をゆるませればいい。

しかし、心というものは、ゆるませようと思っても、カンタンにゆるませることはできません。なぜなら、**「心の機能」は自分の意志では基本的にコントロールできるものではないからです。**

イライラやあがり、緊張を静めようと思っても、なかなか静められないものではないでしょうか？

例えば、イライラしている同僚や奥さんや子どもに「なに、イライラしてるんだよ！イライラすんな！」と言っても、「うん、わかった。イライラやめるね！」なんて言って、イライラを静めることができるような人はいません。

イライラしている人だって、イライラを抑えたい。でも、イライラを止めることができないんです。それは、イライラは「心の機能」であるため、自分の意識でコントロールできないことだからです。だから、「イライラすんな！」などと言われると、相手は余計にイライラしたりするのです。

あがりだってそう。誰だって人前に出たとき、必要以上の緊張や手足の震え、顔の赤みや発汗、心臓のドキドキなんかを止めてしまいたい。あがらないようにしたいんです。しかし、「あがるのやめ〜た♪」と言って収まるならいいのですが、そう簡単にはいきません。それどころか、「あがらないように、あがらないように……」と考えれば考えるほど、あがりの度合いは逆に高まってしまいます。

なぜなら、潜在意識は否定語を理解できないためです。潜在意識にとっては、「あがる」も「あがらない」も同じ意味なのです。だから「あがらないように、あがらないように……」と、考えれば考えるほど、潜在意識には「あがる」「あがる」というメッセージが入っていき、ますます「あがる」ようになってしまうのです。

では、「あがらないように」を「落ち着こう」や「リラックスしよう」など、否定語を肯定語に変えればいいのか？　と言ったら、そんな単純なわけでもありません。

もちろん、「あがらないように」「イライラしないように」と考えるなら、「落ち着こう」「リラックスしよう」と考えたほうがいい。ですが、落ち着いていない状態で、「落ち着こう、落ち着こう……」と自分に言い聞かせても、たいして効果がないのはあなたも経験的にわかっていることでしょう。

それは、「落ち着く」「リラックスする」などの「心の機能」は意識でコントロールできないものだからです。だからこそ、あなたも悩んでいるのではありませんか？

心をゆるますことは――（もちろん、森下の経験からもっともカンタンにできて即効性のある方法を第5章にて詳しくお伝えしますが）――意識でコントロールできない分、基本的には難しい。

だから、まずは体をコントロールすることからお伝えいたします。

「体の機能」は、歩く、イスに座る、頭をかく、コーヒーを飲む、笑顔になる、肩の力を抜く、体操するなど、意識でコントロールすることができるからです。

すなわち、心をゆるませることは難しくても、体をゆるませることは、意識でコントロールできる分、わりとカンタンにできる。

ここを折る

体の機能	・コーヒーを飲む　・笑顔になる　・頭をかく ・イスに座る　・肩の力を抜く　・体操をする　etc.
心の機能	・落ち着く　・リラックスする ・イライラする　・緊張する（不安になる） ・うれしくなる　・好きになる　etc

なっとくポイント

心と体は影響し合っている

心と体はつながっています。心が病めば、体がダルくなりますし、心が明るくなれば、体も元気になります。この逆で、体が悪くなる――例えば、お腹が痛くなると気分も悪くなるし、足に怪我などすると、いつも元気な人も「出かけるの、めんどくさいなー」「今日、雨だし、嫌だなー」などと気持ちまで落ち込んだりする。

当然といえば当然です。心と体はつながって影響し合っているのですから。心の状態を良くすれば、体の状態も良くなるし、逆に体の状態を良くすれば、心の状態も良くなる。

つまり、心をゆるませたければ、意識的にコントロールしやすい体のほうをゆるませればいい。そうすれば、連動して心もゆるむようになるのです。

ですので、まずは体をゆるませる方法からお伝えしたいと思います。

体の三つの状態

実は、体の状態には3種類あります。

まず一つ目が「力んでいる状態」。力を入れた状態であり、わかりやすいのが、学校で習った胸を張って背筋を伸ばす「気をつけのポーズ」です。

次に二つ目が、「休んでいる状態」。脱力している状態であり、これも同じく学校で習った「休めのポーズ」です。例えば、あなたが駅などで電車を待っているときの姿勢であり、家などでくつろいでいる姿勢です。

そして最後の三つ目が、**この「力んでいる状態」と「休んでいる状態」の中間、「ゆるんでいる状態」というものです。**

「ゆるんでいる状態」とは、ムダな力みが取れた状態のことです。

もう少しイメージしやすいよう説明すると、いわゆるリラックスしている状態とか、落ち着いている状態とか、氣が出ている状態のことです。

勘違いしやすいのが、「休んでいる状態」が心身ともにリラックスしている状態だと思っていること。「休んでいる状態」はリラックスしている状態ではありません。言うならば、だらけた状態とか虚脱な状態のことです。

では、その違いを知っていただきましょう——。

まず相手を誰か一人見つけて協力し

体の 3 つの状態

ゆるんでいる
（自然体）

休んでいる
（例えば電車を待っているとき）

力んでいる
（例えば気をつけのポーズ）

てもらいます。

その相手には、左のイラストのように、あなたのどちらかの肩に両手を置き、体重をかけて床方面に、思いっきり押し下げてもらってください。

これをあなたの体が「力んでいる状態」「休んでいる状態」「ゆるんでいる状態」の順番で、試してみましょう。

▼ワーク1「力んでいる状態」

まず、「力んでいる状態」をつくってください。例えば、胸を張って背筋を伸ばし、アゴを引いて、腕をぴしっと伸ばして体の横につけ、気をつけのポーズをとる。

この状態で、イラストのように相手にあなたの肩に両手を置き、体重をかけて思いっきり押し下げてもらってください。

力んでいる

——どうでしょうか？

相手との力の差にもよりますが、あなたの肩が下におりてきてしまうのではないでしょうか？

あなたの力が相手よりも強ければ、なかなか下におりないかもしれませんが、相手の力を強く感じてしんどいでしょう。

▼ワーク2「休んでいる状態」

次に、あなたがいつも駅のホームなどで、電車を待っているときのポーズです。何もせずに立っているときの姿勢ですね。いわゆる「休んでいる状態」。もしくは今まであなたがリラックスしていたと思っていた状態です。

この状態で先ほど同様、相手にあなたの肩に両手を置き、体重をかけて思いっきり押し下げてもらってください。

――どうでしょうか？

カンタンに肩が崩れてしまいますよね？

休んでいる

なかには姿勢が崩れ、倒れそうになってしまった人もいるかもしれません。当然ながら、外からの力に対して非常に弱い姿勢だからです。

どんなときでも落ち着けるようになる「指ぶら体操」

さて、次は体が「ゆるんでいる状態」です。つまり、体のムダな力みが消えて、リラックスしている状態や落ち着いている状態のこと。

この状態をつくるためには、まずムダな力みを取らなくてはいけません。そこで、この状態をカンタンにつくれる体操を行ないます。

「心身統一合氣道会」宗主、藤平光一先生の名著『氣の威力』の中で※「指先ぶらぶら体操」と紹介されていた体操です。非常に失礼ながら、私は勝手に「指ぶら体操」と略して実践しております。

※現在復刻されている新装版『氣の威力』（幻冬舎）では、全身リラックス運動と書かれています。

この動作は、日常のある動きに似ています。

手を洗ったときに、ハンカチを持っておらず、トイレにハンドペーパーや乾燥機がなければ、手を自然乾燥させなくてはなりません。そこで――

手についた水をできるだけ早く振り払うような感じで、思いっきり素早く、手をぶらぶら振って水を切ってください。

肩や腕、手、指先などに力が入っていると、手を素早く振ることができず、きれいに水を切れません。そのため、全身の力を抜いて行なうことになる。

指ぶら体操

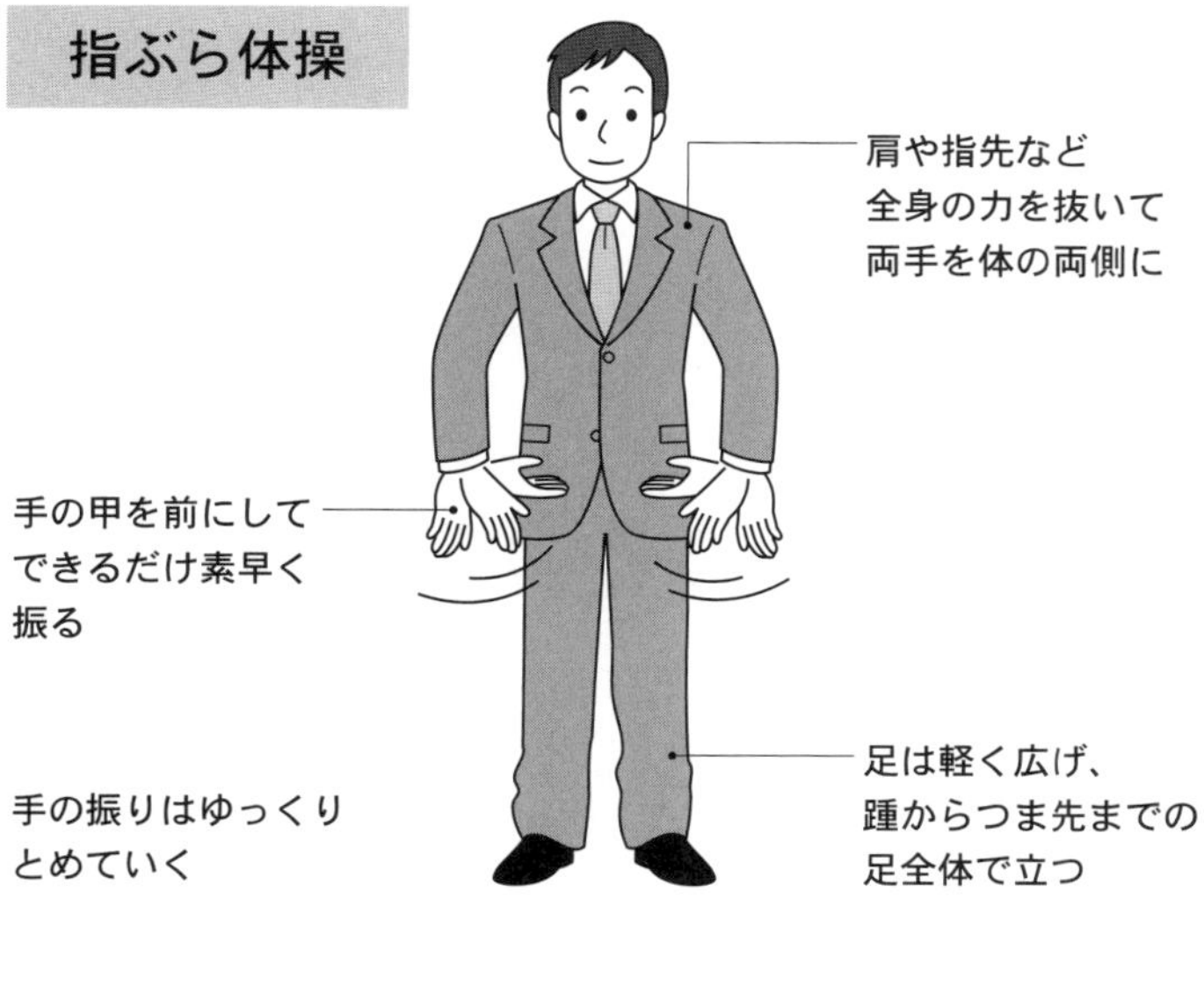
肩や指先など
全身の力を抜いて
両手を体の両側に
手の甲を前にして
できるだけ素早く
振る
足は軽く広げ、
踵からつま先までの
足全体で立つ
手の振りはゆっくり
とめていく

——これが「指ぶら体操」です。

この「指ぶら体操」は非常に大切なので、念のため、もう少し丁寧に説明しますね。

「指先ぶらぶら体操」（全身リラックス運動）

①「足を軽く広げる」

足を軽く広げて行なうのですが、どれぐらい開いたら良いかわからない方は次のように行なってください。軽くその場で足踏みをしてみて、ゆっくり止まってみる。このときの足の開き方が、自然に足を広げた状態になります。

②「つま先を意識し、足全体で立つ」

足の指を床にピタっと軽くつけ、〝踵《かかと》からつま先まで〟足全体を使って、立ってください。

本来は立ったとき、足全体で体を支えなければいけません。しかし、現代人の多くは踵側に重みが来て、足の指が浮いたような状態、いわゆる「浮き足（浮き指）」になってしまい、非常に不安定な立ち方になっています。

そのため、**つま先を意識して立つようにしてください。**今まで踵に重みが来ていた方には、少し前のめりかなと感じる程度がよいでしょう。

または、つま先立ちをし、ゆっくりほわっと踵を下げる。これを2～3回繰り返しても、つま先まで意識が通うようになるので良いです。このとき〝踵は紙一枚浮いている感じ〟を心がけましょう。つま先立ちをする際は、体は真っ直ぐにして、お腹などが出て上半身が反ってしまわないよう注意してください。

③「両手を身体の両側にぶらさげる」

肩や腕、手の指先など、全身の力を抜いて、両手を身体の両側にぶらさげてください。このとき、胸を張ったり、上半身が反ったりしないように気をつけてください。

④「手の甲を前側にして、できるだけ素早くぶらぶら振る」

手の甲を前側にして、手を横にできるだけ素早く振ってください。ムダな力みを取るために行なう体操なので、力を入れたら意味がありません。できるだけ早く水を切ろうと手を振ると、肩や腕、手、指先などに力が入っていると早く振れません。ですので、力を入れないのは当然ですが、〝**できるだけ素早く手を振る**〟**というのがポイント**です。

手の甲を前にして、内側から外側に横に手をぶらぶら振るような感じです。

⑤「手の振りは、ゆっくり徐々に止めていく」

手の振りを止める際は、急にぶらぶらしていたのをバタっと止めないで、ゆっくりゆっくりゆっくり止めていきましょう。

なぜなら、バタっと止めてしまうと、肩や腕に力が入ってしまうからです。ぶらぶらと振るのをちょっとずつちょっとずつ止めていきましょう。回っているコマのスピードがだんだん弱まっていく感じですね。そして**手を振るのを完全に止めても、小さな振りが無限に続いていくイメージを持ったままにするとなお良いでしょう。**（※なぜ、無限に続いていくイメージかは、159〜160ページにて説明しています）

「どれぐらいやったほうがいいのか？」

と聞かれれば、どれぐらいでもいいのですが、水が完全に切れるぐらいと考えてみるといいでしょう。まずは15秒ぐらいを目安に考えてくださってもいいかもしれません。

この「指ぶら体操」は1回だけでなく、すぐに何回も続けて行なえば、より体がゆるみ、落ち着いた状態になります。基本的には最低でも2回以上続けて行なうことをオススメしています。

ここで本を閉じ、この五つのことを踏まえて「指ぶら体操」をやってみてください。いいですか、必ずやってみてくださいね。

――さて、いかがですか？

やっていただいたらわかると思いますが、体がふわっと軽くなった感じ、とくに腕のあたりが軽くなった感じがするのではないでしょうか。

これが、「力んでいる状態」でも「だらけている状態」でもなく、「ゆるんでいる状態」

です。言い換えれば、「落ち着いている状態」「リラックスした状態」「氣が出た状態」です。

さて本題に戻ります――。

▼ワーク3「ゆるんでいる状態」

この「ゆるんでいる状態」で、先ほどから行なっている通り、相手にあなたの肩に両手を置いてもらい、体重をかけて思いっきり押し下げてもらってください。

――どうでしょうか？

不思議なことにまったくつぶれないし、相手がどんなに力を入れてきても、余裕ではないでしょうか？　あなた自身もラクではないでしょうか。

もちろん相手の手が肩に当たって下に押しつけられていますので、手が当たる痛みというか、違和感が少しはあります。しか

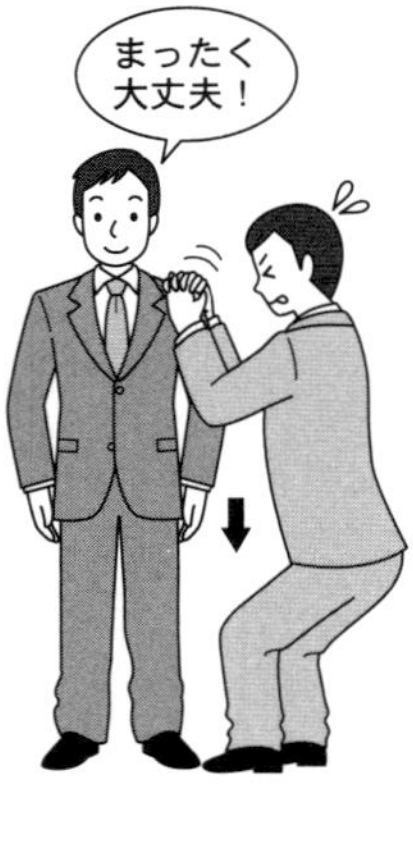

ゆるんでいる

し、他の二つの状態と比べて、相手の力がかかってこない分、ビクともしないのではないでしょうか。

☺力を入れると弱くなる!?

私たちは、「力を入れた状態」のほうが強いと思っていました。しかし、本当は「力を抜いた状態」、つまり「ゆるんでいる状態」のほうが強いのです。

「ここぞ!」というときに力が発揮できる。
なぜかわからないけど、うまくいく!
――こんなときは、ムダな力みが抜けた、「ゆるんでいる状態」のときです。
だから、肝心な場面こそ、力を入れるのではなく、力を抜くんです!!

まだ半信半疑な方もいるでしょう。無理もありません。幼い頃から学校などで違ったことを教わってきましたしね。なかには、今のワークがうまくできなかった方もいるかもしれません。最初から上手にできなくても良いです。ただ、違いがわかればいいのです。

では、他のワークもしてみましょう――。

次のワークも先程と同様、相手を誰か一人見つけて協力してもらいます。

そして、その相手には左ページのイラストのように、あなたの後ろから羽交い絞めにしてもらってください。相手には、ギュッと思いっきり力を入れて絞めてもらいましょう。

今度は、「力んでいる状態」「休んでいる状態」「ゆるんでいる状態」「力んでいる状態→ゆるんでいる状態への変更」の順番で、試してみてください。

▼ワーク1「力んでいる状態」

最初から力を入れて力んで抵抗しようとしていても、相手が絞めてきてから力で抵抗しても、どちらでもいいです。

とりあえず、相手があなたを後ろから羽交い絞めしてきたら、力で抵抗してみる。

――すると、どうでしょう？

当然、絞められたら痛いですよね？　痛いので焦って、より力を入れて抵抗すると、相手もより力が入り、もっと痛くなるのではないでしょうか？

スポーツをやっていたり、筋力トレーニングを日常的に行なっているなど筋力に自信がある方は、羽交い絞めされてもさほど痛くはなく、大丈夫かもしれません。その場合は、なるべく力の強い人にやってもらうと良いでしょう。

▼ワーク2「休んでいる状態」

今度は、だらけている状態。学校で習った「休めのポーズ」ですね。

この状態で、相手に力いっぱい羽交い絞めにされてみてください。

――どうでしょうか？

相手が絞めた力がそのまま入ってくるから、かなり痛く感じるはずです。これはキツイですよね？　たいていの方が「イテテテ……」となるでしょう。

▼ワーク3「ゆるんでいる状態」

では、次に「ゆるんでいる状態」です。

まず先程の「指ぶら体操」をやってみましょう。続けて2～3回やってみてください。

この体がゆるんだ状態で、相手に後ろから思いっきり羽交い絞めにしてもらってください。抵抗なんてする必要はありません。あなたは、そのままのリラックスした状態で、相手には思いっきり絞めてもらってください。

――どうでしょうか？

痛くないですよね？　というか、ぜんぜん平気だったのではないでしょうか？

相手が思いっきり絞めてきても、平然としていられるし、痛くも痒くもない。

これがリラックスしている状態であり、本来のあなたの強さなのです。

武道の達人はみんな自然体と言いますが、まさに、ここにその理由があります。万一、夜道で暴漢に後ろから羽交い締めにされても、体がゆるんでいれば平気だし、すぐに逃れることだってできるのです。

体が「ゆるんでいる状態」が一番強いということをわかっていただけましたでしょうか？

☺大切なときこそ、力を抜く！

今まで私たちはさまざまな場面で、「大切なときこそ、力を入れたほうがいい！」と教わってきました。

でも、違うんです！

大切なときこそ、力を抜いたほうがいい！

ゆるめたほうがいいんです!!

例えば営業でも、どうしても取りたい案件でプレゼンするときやクロージングの段階になると、つい肩に力が入ってしまう。すると、力んでお客さまの話や要望も聞かずに商品説明ばかりしたり、無理な売り込みをかけてしまったり、顧客も嫌な売り込みを感じたりして引いてしまう。また、後述しますが、あなたが力んでいるとお客さまも力んでしまい、抵抗が出てくる。

だからこそ、大切な営業のときこそ、体の力を抜く。先方に会う前に、「ふぅ～」と肩の力を抜いたり、行く前に「指ぶら体操」をすればいい。ちなみに「ふぅ～」は、深呼吸のようにやる必要はありません。軽く「ふぅ～」と息を吐けばいいのです。

会議やスピーチなど人前で話す場合だってそう。がんばらなくちゃとつい力んでしまったり、強そうに威厳があるよう、堂々としているように見せようと胸を張ったりしてしまう。そうすると、全身に力が入ってしまい、緊張してしまう。

だからこそ、人前で話す際には「ふぅ～」とゆっくり息を吐き、肩の力を抜いて良い状態になってから話し始めればいい。

私もセミナーなど大勢の前で話す際は、

「（肩の力も抜きながら）ふぅ〜、こんにちは、森下裕道です。本日は――」

と言い始めています。もちろん、「ふぅ〜」はマイクを通さずにしていますが、この状態で名乗ってから話し始めると、体のムダな力みが抜けて、良い状態で話が始められるようになります。以前これをせずに、急に名前を言おうとしたら、どもったり、足が震えてしまったことがありました。ですから、今では絶対に忘れずに行ないます。

くどいようですが、大切なときこそ、力を抜くようにするんです！

プレゼンだって、面接だって、試験だって、入試だって、告白だって、初対面の人と会うときだって、スポーツでの試合だって、発表会だって、パーティーへの参加だって、偉い人との会食だって、部下指導や子育てだって、仕事の大切な場面だって――

大切なときこそ、緊張しちゃいそうだなと思うときこそ、力を抜くんです！　体をゆるませるんです!!

☺あなたが力を抜けば、相手も力を入れられなくなる！

▼ワーク4「力んでいる状態→ゆるんでいる状態への変更」

では、最後にこんなことをやってみましょう。

「力んでいる状態」で、相手に後ろから思いっきり羽交い絞めにしてもらってください。ただし今度は、その力んでいる体の力を少しずつ抜いていく（ゆるめていく）。今の力の1／2抜く、そしてまた1／2抜くと……、どんどん抜いていくような感じです。

——さて、どうだったでしょうか？

相手に後ろから力いっぱい羽交い締めされると、やはり力が入ってくる分、痛いでしょう。しかし、力を抜いていくと痛くなってきませんか？　力を完全に抜いた状態まで行くと、相手がどんなに力を入れてきたとしても、痛みさえ感じなくなるはずです。

ここを折る

相手が力を入れてきたら、通常ならこちらもそれに対抗して力を入れてしまいがち。すると、相手もより力が入るから、力と力との対決になります。あなたが相手より力が強ければ勝てるかもしれませんが、相手より力が弱ければ負けてしまうでしょう。

でも、そうではなくて、相手が力を入れてきたら、あなたが先にゆるめばいい。すると、相手は力を入れられなくなってくるから、争いにならなくなるのです。

このワークを相手と役割を交代し、あなたが羽交い締めにする側になってみると、このことがよくわかるようになると思います。

あなたが羽交い締めにしたとき、相手が力を入れてくると、あなたもそれに対抗して力を入れることができる。しかし、相手が力を抜いていくと、あなたは力を入れられなくなってくるはずです。

☺力をゆるめれば、人間関係も良くなる！

実はこれは人間関係にも同じことが言えます。

相手が力を入れてきたとき、あなたも力を入れれば、力と力のぶつかり合いになります。もちろん、あなたの力のほうが強ければ、相手を負かすことはカンタンでしょう。しかし、負かされた相手は、たいてい反発心しか持ちません。

例えば、夫婦関係——。

あなたが仕事から帰ってそうそう、奥さんが文句を言ってきたとします。

「ドライバーが置きっぱなしだったんだけど！　なんでアナタはいつも、物を出したら出しっぱなしなの？　アナタは片づけるってこと、知らないの？　これからは自分でちゃんと片づけるって言っていたよね？」

——確かに片づけていない自分も悪い。でも、仕事で疲れて帰ってきているのに、そんなちょっとしたことで文句ばかり言われると、腹が立ってくる。

「なんで仕事で疲れて帰ってきてんのに、そんなことをケンカ腰で言うんだよ！　だいたいお前はちょっとしたことでうるさいんだよ!!　そんなに言うんなら、自分で片づければいいじゃないか！　ドライバーを片づけるぐらい、たいしたことないだろう！」

こっちも力を入れて、相手に負けまいと言い返す。しかも、はむかわれたくないし、自分の力を誇示する意味でも、迫力ある大きな声で怒鳴る。

すると奥さんはいかにも納得していない、という感じでドアをバタンと強く閉めて、寝室に行ってしまう。当然、話しかけても口をきいてくれないし、1週間以上嫌な雰囲気だけが漂い、幸せな雰囲気ではなくなる。こうなると、奥さんもイライラしている分、子どものちょっとしたことでイラついたり、アタったりして、罪のない子どもにもどんどん悪影響を与えてしまう。その様子を見て、

「そんなことで、子どもにアタるなよ！」

などと言おうものなら、

「なら、あなたがすべてやってよ!!」

の返答。

「できるわけないだろう！　こっちは仕事があって忙しいんだから!!!」

「じゃ、私は忙しくないって言うの!! アナタはなんにもわかってくれない!!」

――こんな風に、どんどん関係が悪くなってしまう。やがて、お互い無言で食事をとったり、そのうちその食事だってつくってもらえなくなったり、そんな重苦しい空気が嫌で、家に早く帰るのをやめてしまったり……。

ほんのちょっとしたことが原因で、夫婦関係がどんどん悪くなっていく――。

どうです? 想像しただけで恐ろしくないですか? でも、こういうことって、あまり珍しくないのかもしれません。


しかし、力をゆるめてみたらどうでしょう。

ここで言う「力をゆるめる」とは、相手を受け入れることを意味します。いわゆる力で押さえつけるのではなく、相手の意見を受け入れる。すると、相手が力を入れられないのと同様に、相手の怒りも和らいでくるようになります。

例えば、奥さんに文句を言われても、

「あ、ごめんね、気をつけるね」とか、

「嫌な気分にさせて悪かったね。今度からはちゃんと気をつけるようにするから」

など と返答する。もしも、

「でも、アナタ、いつも今度からと言って、全然やらないじゃないの!」

と言い返されたとしても、

「あ、そうだった。ごめんね。でも、これからは気をつける。オレ、だらしない性格だから、すぐに完璧にはできないかもしれないけど、少しずつ直すよう努力するから、またできなかったら悪いけど教えてね」

というように、力で対抗しようとせず、あえて力を抜いて答えるのです。

先程のワークで体の力を徐々に抜いていったように、**たとえ相手が力を入れてきても、それ以上に力を抜いていくイメージ**です。

そうすると、相手は怒っていた気持ちに力を入れようとしても、入らなくなってきます。そして、だんだんと怒りが収まってくる。

もしかしたら、なかには、そんなの相手になめられる、相手が調子に乗る、相手に弱いと思われる、と思う人もいるかもしれません。

でも、それは違います。大事なのは強い弱いではなく、相手を受け入れてあげられるかどうかなのです。

もし相手の言っていることが明らかにおかしいようだったら、まず、相手の意見に耳を傾けた上で、自分の悪いところや怒らせてしまったことについて謝り、感情的にならずに、落ち着いてそのことを指摘すればいい。

するとムダな争いにもならない上、「私も言い過ぎたわ」と謝ってくれたり、悪いなと思って急にリンゴをむいてくれたり、夕食に好物をつくってくれたりするようになったりします（笑）。

相手に負けたとか、なめられるとかよりも、**大切なのは、あなたが相手を受け入れてあげること、わかってあげることではないでしょうか。とくに相手があなたの大切な人ならば、何よりもハッピーにしてあげることではないでしょうか。**


今の時代、生きていればいろいろなことがあると思います。でも、変に力を入れて生きていると、眉間にシワがよったり、イライラしたり、無意味なケンカをしたりと、ストレスがたまっていくだけです。ストレスはたいてい体がカタくなっているから起こるものです。

ならば、会社に出勤するとき、取引先に行くとき、家に帰るとき、どんなときでも、「ふぅー」と力みを抜いてみてください。出かける前や玄関先で、「指ぶら体操」をしたっていい。体をゆるませると、心もゆるむようになりますから。そうすれば、家に入るなり奥さんに文句を言われたって、ケンカになるようなことはなくなるでしょう。

「そんなちょっとのことで怒るなよ！」でなく、

「子どものことでイライラしているからそう言ったのかな」

「一生懸命家をきれいにしてくれているのに、毎回オレが散らかしていたら怒るよなー」

という、相手の気持ちを思いやる感情になれるのです

カタくなった体の力を抜く方法

緊張している人を表現するとき、よく「体がカタくなっている」と言います。その表現の通りなのですが、緊張しているときは体が力んでカタくなっているのです。

胸を張って背筋をピンと伸ばして、腕をぴしっと伸ばす「気をつけのポーズ」なんて、

体全体がカタくなっている、つまりは体全体が緊張状態にあることがわかるでしょう。こういった姿勢をするから、より緊張してしまうのです。

胸を張れば、胸に力みがあるのがわかる。

肩を張れば（上げれば）、肩に力みがあるのがわかる。

眉間にシワを寄せれば、目のあたりに力みがあるのがわかる。

こぶしを握りこんで腕に力を入れれば、腕全体に力みがあるのがわかる。

——実際にやってみると、力みがあるところに違和感があるのがわかるでしょう。

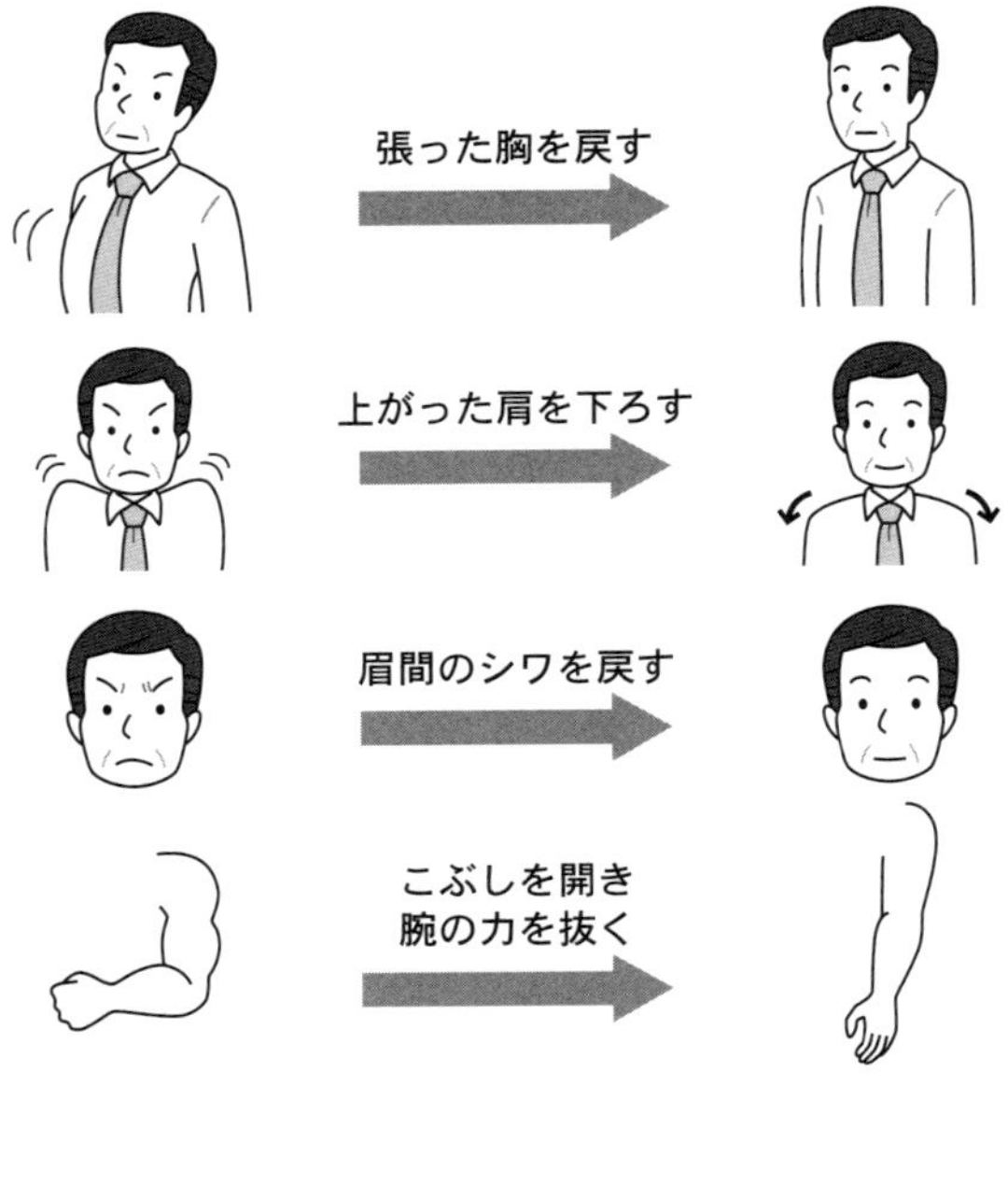
張った胸を戻す
上がった肩を下ろす
眉間のシワを戻す
こぶしを開き
腕の力を抜く

じゃ、その違和感や力みを取るにはどうすればいいか？

答えはごくシンプルです。

力みがあるところの力を抜けばいいだけ。


張った胸を元に戻す。

上がった肩を下ろす。

眉間のシワを戻す。

握りこんだこぶしを開いて、腕の力を抜く。


すると、その部分の違和感や力みが取れるのではないでしょうか。

カタくなってしまった体も同じです。

その部分の違和感や力みを取ればいいし、もしくは一度力を入れて、力を抜いてもいい。

例えば、肩を大きく上げて、〝ふわっと〟下げる。〝ふわっと〟とは、ガチャンといきなり下げるのではなく、ゆっくり下げるという意味です。ガチャンと下げるとどうしても肩に力みがでちゃうので、ふわっと軽く下げるのです。これを2〜3回するだけでもムダな力みを取る効果があります。この方法は、立っていても座っていても、どこでもカンタンにできるので、ぜひ使ってください。もちろん、前述の「指ぶら体操」もカタくなった体をゆるませるのにものすごく効果的です。

あなたが緊張したとき、カタくなってしまったとき、注意してもらいたい場所があります。

それは、口です。

体全体で力んでみてください——。

〝口〟、特に〝下唇〟に力が入っているのがわかるでしょう。

緊張してしまったとき、肩の上げ下げをすると、肩の力みは取れてきます。しかし、緊張が取れないのは、口に力みが入ったまま、肩の上げ下げをしているため。

だから、**口の力みを取らなければなりません。**

口の力みを取るためには、「ふぅ〜」と軽く息を吐いて、軽く口を開けておくと良いでしょう。

それでも口の力みが取れない場合は、口がリラックスしている姿をイメージしながら、軽く指先で口まわりをほぐしてください。ほぐすのはほんの軽くでいいです。大切なのはほぐすことより、口がほぐれた感じをイメージすることです。イメージすることの大切さは、第5章で詳しく説明していきます。

なぜ、あがると頭が働かなくなるのか？

あなたもあがってしまい、頭が真っ白になってしまったり物事が考えられなくなってしまった経験があるかと思います。

なぜ、物事が考えられなくなるかといえば、過度に緊張し体がカタくなり過ぎてしまっているからです。

以前、私が「緊張克服講座」を開催したときに、こんなことを行ないました。

参加者の森谷さんに、体重60キロ弱の私を持ち上げながら、カンタンな足し算に答えてもらいました。

「27＋54はいくつ？」など、少し考えれば暗算でできる、カンタンな二桁の足し算です。しかし、森谷さんに質問しても答えられない。森谷さんは大阪大学出身の非常に頭が良い人です。答えられないわけがない！

現に持ち上げていた私を降ろしてからだと、何問出しても普通に答えられる。当たり前ですが……。

体重60キロ弱の人間を持ち上げれば、当然、腕などたくさんの筋力を使う。言うならば過度に力んでいる状態、カタくなった状態になります。このような状態になると、他のことが考えられなくなってしまうんです。

では、過度に緊張し体がカタくなってしまったときや頭が真っ白になってしまったとき、どうすればいいでしょうか？

カンタンですね。体に入っている力みを取ればいい。

全身の力みを取ればいいし、もしできる状況なら「指ぶら体操」をすればいい。

ここを折る

緊張しない体をつくる方法

「いや、でも、人前では指ぶら体操はできないなー」

と思われた方もいるかもしれません。

そりゃ、そうでしょう。人前でプレゼン中、緊張したからって「少々お待ちください」と言って、「指ぶら体操」はさすがにできないでしょう（笑）。

ならば、日頃から体がカタくなって緊張しないよう、過度にカタくなって頭が真っ白にならないよう、「指先ぶらぶら体操」を行なえばいい。

毎日朝晩、「指ぶら体操」をやり続ければ、あがることなんかなくなるし、ほとんど緊張もしなくなってきます。

「緊張克服講座」にも参加してくれ、現在毎月開催している「勉強会」にも大阪から参加してくれている女性がいます。秋吉さんという方で、以前は緊張やあがりにひどく悩んでいたそうです。

この秋吉さんはとても素直な方で、セミナーや勉強会で行なったことを必ず実践してくれました。この「指ぶら体操」も、セミナーに参加した日の夜から、毎日朝晩行なうようにしたそう。

そうしたら、日頃からのムダな力みが取れ、緊張しやすい体質だったのが以前よりとても和らぎ、どんな場面でもあまり緊張しなくなったり、仕事でイライラすることも少なくなったそうです。しかも、寝る前に体をゆるませてから寝るため、すぐに眠れるようになり、またぐっすり眠れるようになるため、苦手だった早起きができるようになったととても喜んでいました。

ここで、あなたも「指ぶら体操」を3回連続でしてみてください。
まずは本を閉じて、実際に立ち上がってやってみてくださいね――。

――腕がふわっとした感じがわかるでしょうか。
これを朝晩、毎日繰り返すとどうでしょうか？

この「ゆるんでいる状態」を、「指ぶら体操」をしなくてもカンタンにつくることができるようになるのです。

自動車の運転を習ったときのことを覚えていますか？　最初に乗ったときには、ひとつひとつ慎重に、どこかぎこちなく運転していたと思います。しかし、何度も何度も練習してやがて乗り慣れてくると、あまり意識していなくても、自然な感じで運転できるようになります。車に乗った瞬間に、体が「運転モード」になる（もちろん、体だけでなく心も連動していますが）。

それと同じように、何度も何度もこの「指ぶら体操」をしていると、「指ぶら体操」をし終わった状態——ムダな力みが一切消えて、体が「ゆるんでいる状態」になる——この状態の感覚が自然に掴めるようになるのです。

自動車の運転席に座ると、体が自然と「運転モード」になるのと同じように、自分が「指ぶら体操」のことを意識すると、体が自然に「体がゆるんでいるモード」になることができるようになるのです。

ここを折る

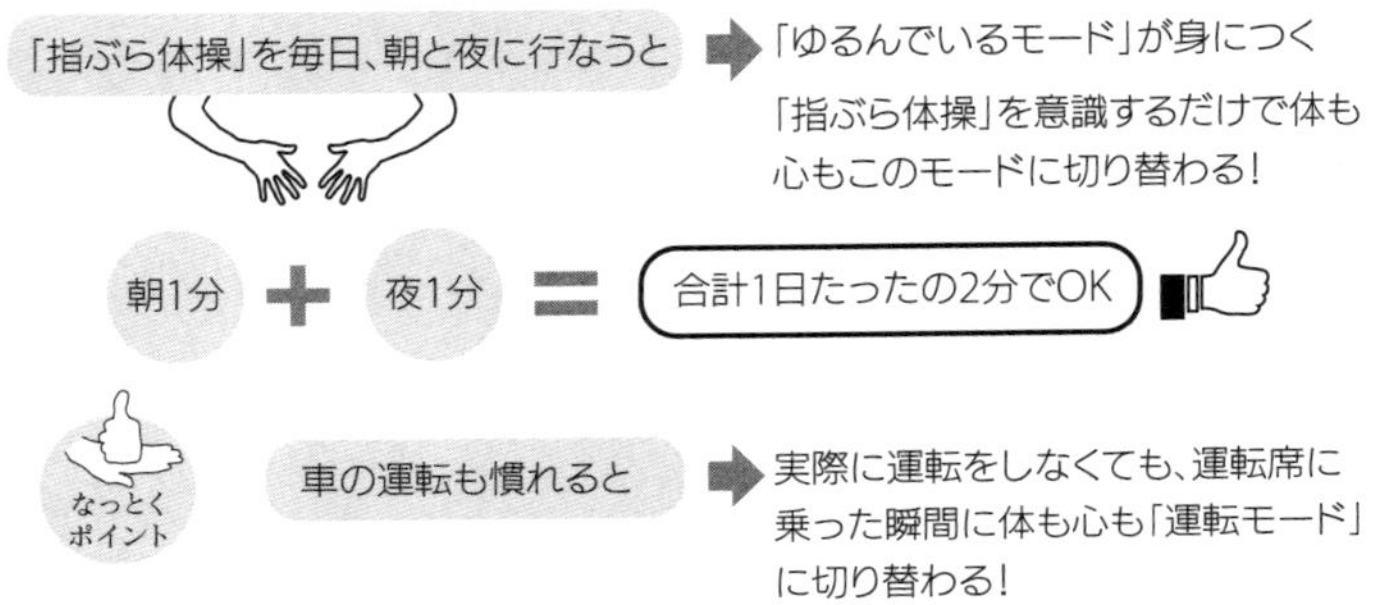
「指ぶら体操」を毎日、朝と夜に行なうと
「ゆるんでいるモード」が身につく
「指ぶら体操」を意識するだけで体も心もこのモードに切り替わる！
朝1分
夜1分
合計1日たったの2分でOK
なっとくポイント
車の運転も慣れると
実際に運転をしなくても、運転席に乗った瞬間に体も心も「運転モード」に切り替わる！

だから、肝心なときにこの状態になれるよう、「指ぶら体操」を毎日行なうようにしてください。

「指ぶら体操」をしますと、カタくなった体をゆるませることができるのはもちろんのこと、それに影響されて、凝りカタまった心までゆるんできます。

緊張を取りたい！　あがりを治したい！　イライラしないようになりたい！　肝心なときに力を発揮できるようになりたい！　本当にそう思うなら、ぜひ朝晩3回ずつ、毎日実施してみてください。

時間にしても、朝1分、夜1分の合計1日2分。せいぜいこんなものでしょう。

もしもあなたが、こんなカンタンにできることもしないで、自分を変えよう！　肝心なときに緊張しないようになろう！　だなんて考えているならムシが良すぎます。

ぜひ、今日から行動に移してくださいね！

第2章

視点を変え、「見いてる側」になる。

なぜ、あなたは緊張するのか？

あなたが緊張するときは、どんなときでしょう？

人前で話さなければならないとき。
会議の席で発言しようと思ったとき。
上司の席に呼び出されたとき。
初対面の人と会うとき。
慣れていないお店や場所に行ったとき。
異性が多い場所に行ったり、気になっている異性と話したりするとき。
幹部たちや大切なお客さまが集まる場面で、お茶を出すとき。
エレベーターで役員や社長と一緒になったとき。

――どのシチュエーションにも共通することがあります。

それは、**相手やまわりから「見られている」と意識すること。**

だから、緊張するのではないでしょうか？

緊張しているとき、あがっているときは必ずと言っていいほど、「見られている側」にいます。

なぜ、めったに行かないような高級レストランに行くと緊張するのかというと、店員やまわりのお客さん、もしくは同行した相手を意識して、

「場違いじゃないかな？」

「慣れているように見えているかな？」

「テーブルマナーはおかしくないかな？」

「ワインはどうやって、テイスティングするんだろう？」

などと、「見られている」と思うから緊張してしまうのです。

「見られている」と思わなければ、緊張なんてしません。実はすごく単純なことなのです。行きつけの居酒屋だったら、「これ、どうやって食べるんだろう？」って食べ方が

わからない料理が出てきたとしても、緊張なんかしませんよね？

☺視点を変えれば、緊張しなくなる！

では、どうすれば、緊張しなくなるかといったら――

見ればいいだけ。「見ている側」に立てばいい。〝見られている〟と思うのではなく、視点を変えて〝見る〟ようにすれば、あがったり緊張なんてしなくなります。

当然ながら、レストランの店員はほとんどの場合、緊張しません。なぜなら、お客さまの料理の進行具合、グラスの空き状況、テーブルの清掃状況や「お客さまは楽しんで食事をしているか？」「今日は、何を求めて来てくださったのだろうか？」などをよく観察しなければならない。つまり、「見ている側」だから緊張しないのです。

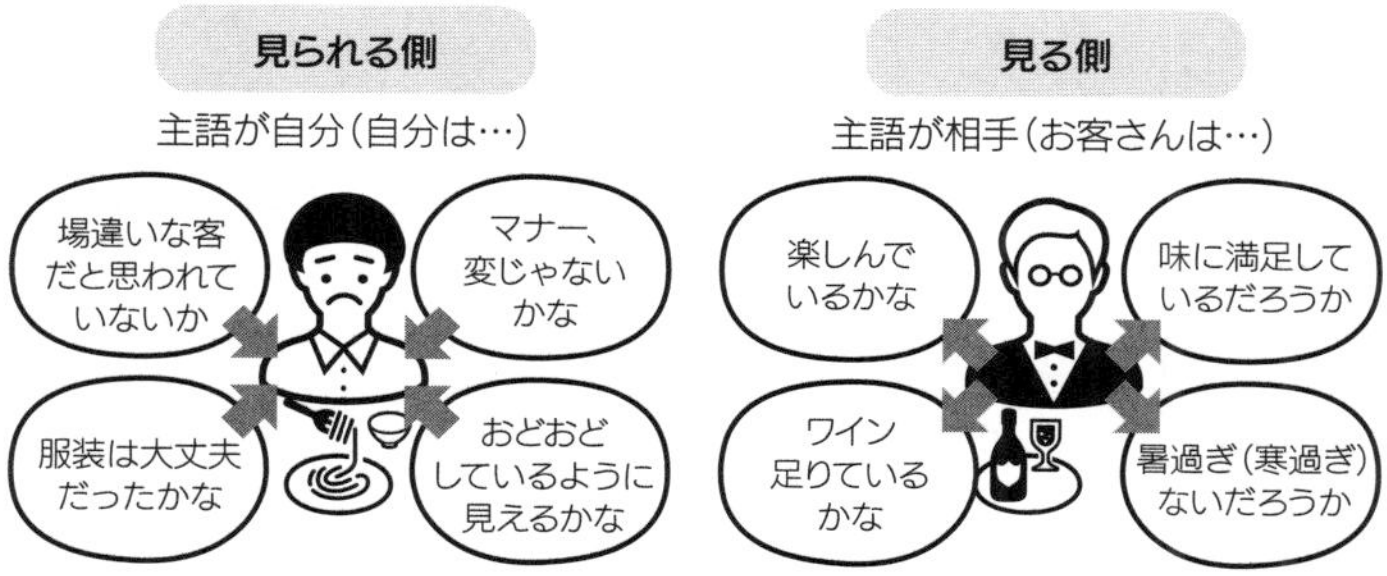

なっとくポイント

ポイントは自分主体ではなく、相手主体になること

しかし、新人はともかく、ベテランのウェイターでも緊張するときもあります。それは、レストランのオーナーが来ていたり、私のようなコンサルタントが入っていたり、テレビ撮影が入っていたりした場合です。お客さまや全体のお店の状況を〝見て〟いても、自分の働いている姿を〝見られている〟と思うから、緊張してしまう。なかには、動きがぎこちなくなったり、緊張のあまり、いつもはしないようなミスをしてしまったりすることもあるのです。

だから、緊張しやすい人は「見ている側」に立つことを意識すればいい。とくに緊張してしまう場面では、誰よりも早くその場所に行くと良いでしょう。

例えば、初対面で人と会う際でも仕事などで人と待ち合わせる際でも、待ち合わせより最低でも15分前には着くようにする。**早い時間から待って、その場所全体の雰囲気や相手が来るのを〝見て〟いれば、「見ている側」になれます。**

会議でも誰よりも早く会議室に入り、入ってくる一人ひとりを〝見て〟、「お疲れ様です！」「ごぶさたしております！」などとあいさつすればいい。これだけで「見ている側」になるので、気持ちがグッとラクになります。また、会議中でも資料だけを見るのではなく、まわりをよく〝見る〟ようにする。すると、「見ている側」を維持できるので、発言もしやすくなるでしょう。

演劇や発表会などがある場合は、早くから会場に行き、会場全体をすみずみまで〝見る〟。そして自分の出番を持つときなども、舞台の脇や隙間から観客を〝見る（覗く）〟ようにすればいい。そのときオススメなのが、参加人数でも、かわいい女性の数でも、子連れの家族数でも、なんでも良いので対象物をつくり人数を数えるようにすること。あまり細かいことを考えずに、街での通行人調査のように機械的に数えればいい。すると、当然「見ている側」になり、たとえ緊張していたとしても、緊張が和らいできます。もちろん、人数はだいたいで構いませんし、会場や照明などの関係でよく見えない場合は前方二列のみでもいい。目的は「見ている側」になることですから。

☺なぜ、頭が真っ白になるのか？

私は、長年、なぜ頭が真っ白になるのか？　この問題をずーっと考えてきました。例えば、自分の尊敬する上司や偉い役員などに、急に質問されたりすると、頭が真っ白になって、うまく答えられなくなるってことありませんか？

私はよくありました。今でもよく覚えているのが、入社3年目で、福岡のあるボウリング施設の店長をしていた頃のこと。すごく尊敬していた、やり手の営業部長が突然、私のお店を見に来てくれました。とてもうれしい反面、当時の私にとっては雲の上のような存在の人だったので、私は終始、緊張していました。それまでその部長とは、二人で会話したことはほとんどなかったので、なおさらのこと。

「このお店の問題点はなんや？」

――部長から突然聞かれ、緊張していたこともあり、頭の中が真っ白になってしまいました。頭の中に何も浮かばなくなって、なんか言わなきゃ、なんか言わなきゃ、と焦れば焦るほど、なんにも出てこない……。

「あ、特にはないです」

という返事が精一杯。そして、「なさけない！」と思う間もなく、その後すぐ部長に、

「今月は、予算はどうや？」

と聞かれ、

「もちろん達成します！」

とちょっと元気に返答。さっきの分を取り返したと思ったら、

「予算いくらやっけ？」

と聞かれ、また頭が真っ白になって予算がいくらかわからなくなってしまいました。

「今月ですよね？　え〜と、○千△百万ぐらいだったと思います……」

と、どうにか返答。店長なのに、ぐらいだったと思いますって！　あ〜、冴えない!!

と、自分を責めました。でも、もう取り返しがつかない……。

「そか、がんばってください！」

ここを折る

「あぁ、ありがとうございます！　お、お疲れ様でした!!」

こんな感じで会話が終わり、部長は去って行きました。

この後の私の落ち込みようはハンパなかったです。

「デキない奴と思われてしまった」「もう出世の見込みはないだろう」「もうオレはダメだ！」「オレは終わった……」と、まるで抜け殻状態でしたから。

だって、店長をしているのに、その月のお店の売上予算金額さえも正確に答えられなかったんですよ。しかも、部長が去った後、金額を確認したら微妙に違っていたし……。わかってなかったわけではないんですよ！　毎日数字をしっかり見ていたわけだし、部下にも伝えていたし――。

でも、聞かれたとき、よくわからなくなってしまったんです。そう、頭が真っ白になってしまって、数字が浮かんできても、それが先月だったのか、今月だったのか、それとも来月だったのか、混乱してしまい、それにその前の質問で、問題点をうまく答えられなかったこともあり、焦ってしまったんです。もーそのときは、額から脇の下や背中まで、まるでシャワーでも浴びたかのように、汗でビッショリになりましたから（笑）。

しかも、そういうときに限って、部長が去った後、

「あー、問題点の質問にはこう答えておけばよかった……」

と浮かんでくるんですよね。っていうか、いつも考えていたことだし、部下たちに伝えていることじゃん！　と、どれだけ後悔したことか。

今、考えてみれば、これで出世の見込みがなくなるわけでもないし、全然たいした問題ではないのですが、当時の私にとっては一大事であり、ものすごく落ち込んだのを今でも覚えています。

「あのとき、こう言っておけばよかった」

あなたも急に頭が真っ白になって、少し経ってから、

「あのとき、こう言っておけばよかった」

と後悔した経験がきっとあるかと思います。

なかには、いつもそうだよ！　という人もいるかもしれませんね。

「ちゃんと考えていれば、絶対に答えられるはずだ！」

「いつも考えていないから、言葉が出てこないんだ！」

と言う人がいますが、私は違うと思うんです。

いつも考えていることだって、ちゃんと考えていることだって、緊張のあまり頭が真っ白になってしまったら、このときの私のようにすっかり飛んでしまいます。

急に質問され、うまく答えられなかったとしても、去った後によい答えが出てくる。ということは、はじめからわからない質問ではないし、あなたが答えられる質問だということです。


私はこのような〝頭が真っ白になってしまうこと〟について、ずっと悩んできました。本もいろいろ読みましたし、答えを知っていそうな人に質問したこともあります。

「どうして、急に質問されたりすると、頭が真っ白になるんですか？」

切実に悩んでいた私は、「こんなことを聞いたら、仕事がデキない奴とか、弱い奴って思われるんじゃないか」と内心ドキドキしながらも、勇気を出してキレ者と有名だった尊敬している本部長に聞いてみました。

すると、「ボクは、そんなふうになったことがない」と一言。

……聞かなければよかったと思いました（笑）。

独立後もこれではマズいと思い、あるセミナーに参加した際、何冊も本を出されているる経営コンサルタントの講師に同じ質問をしたこともあります。

しかし、残念ながらたいした答えは得られませんでした。確か「場数を踏んだらいい」というような返答だったと思います。

結局、自分の問題は自分で解決しなければならないと思ったものです。

頭が真っ白にならないためには？

なぜ、後輩や部下、気の合う仲間などに何を聞かれても、頭が真っ白になることはないのに、偉い人や上司、自分の尊敬する人などに質問されると頭が真っ白になってしまうのか？　会議中だって、急に話を振られると、なぜ、頭が真っ白になって答えられなくなってしまうのか？

ここを折る

よく、慣れている人に対しては緊張しないといいます。でも相手が尊敬する上司や先輩だった場合、どんなに普段よく顔を合わせていても緊張してしまうものです。何度も同じ会議に参加したり、同じ人に会ったりして慣れてはいるはずなのに、緊張したりするのはなぜでしょうか？

結局は、「見ているか」「見られているか」の違いだけなんです。

後輩や部下から質問や相談があっても、リラックスして答えることができるのは「見ている側」だから、です。

だから、たとえあまりよく知らないことを聞かれたとしても、即答できたりうまく切り返せたりしますし、

「本当はこいつは何を悩んでいるんだろう？」
「彼にわかりやすく伝えるためにはどうしたらいいか」
「そういえば、最近、元気が出てなかったよな」

などと相手をよく見て答えることだってできるはずです。

しかし、偉い人や尊敬する人、想いをよせている人ではそうはいかない。

「よく見られたい、気に入られたい、すごいと思われたい」

「うまく答えられなかったらどうしよう?」

「バカだと思われたくない……」

などと、相手から「見られている側」になってしまうのです。

後輩や部下からの質問を受けたときのように、あなたが「見られている側」ではなくて、「見ている側」に立てば、頭が真っ白になることなんかないですよ。


でも実は、後輩や部下からの質問でも「見られている側」になってしまうときがあるんです。それは、後輩や部下に対して、

「自分よりデキるかも……」

「コイツに抜かされてしまうかも……」

などと脅威を感じていたり、

「オレぐらいになると、こんなのカンタンにデキるから」

と、後輩たちの前で妙に虚勢を張っていたり、必要以上に
「尊敬されたい!」

「デキる上司だと思われたい」
などの願望を抱いている場合などです。

「見ている側」になるために必要なこと

「見ている側」に立てば緊張なんかしなくなる——。

このことは拙書『一対一でも、大勢でも　人前であがらずに話す技法』（大和書房）にも詳しく書かせていただきました。本を読んでくださった方から、「ほとんど緊張しなくなりました！」「人前に立つのがラクになりました！」などのうれしいお言葉をたくさんいただきました。

一方で、「見ればいいんですね！　納得しました。でも、見ると余計に緊張しちゃうんです」なんて人もいます。

理解はできた、納得もできた、でもどこをどうやって見ればよいかがわからない……。

そんな方のために、もう少し噛み砕いて説明したいと思います。

「見ている側」になるとは、相手の表面だけでなく、相手の内側まで見ようとすること。言うならば、「相手をわかってあげよう」とする見方をすることです。

解釈を間違えている人は、顔の表面ばかり見ている。だから、相手の目や表情ばかりを見て、「自分はどう思われているんだろう?」「こう思われているに違いない!」と思い込んで、結局また「見られている側」になってしまい、緊張してしまうのです。

どれだけあがり症の人でも、初対面で人と会うのが苦手な人でも、絶対に緊張しない場面があります。

それは、おばあさんに道を聞かれたとき。

今までいろいろなところで質問しましたが、おばあさんに駅などで道を聞かれて緊張したという人はいませんでした。

なぜなら、おばあさんをしっかり見ているからです。おばあさんに道を聞かれたとき、おばあさんの様子をしっかり見て、

「ちゃんと聞こえたかな?」

「今の言葉、わかりにくかったかな?」

「もう少し詳しく説明したほうがわかりやすいかな?」
と、顔の表面だけでなく、相手の内側までしっかり見て説明します。だから緊張なんてしないんです。

視点を変えれば、怖くなくなる!

以前、家族で空中アスレチックに行ってきました。実は、私は高いところは非常に苦手。ジェットコースターも大嫌いなほどで、ディズニーランドに行っても、ビッグサンダーマウンテンやスプラッシュマウンテンなどは乗りません。高いところが怖くてダメだというのもありますが、あの高いところから落ちるときの、お腹のあたりからすぅーっと力が抜けていく感じが嫌でしょうがないのです。

そんな私ががんばって空中アスレチックに行ってきたんです。なぜなら、怖いものや苦手なこと、緊張したときほど、ムダな力みが体に入っている。だから、それをゆるめればカンタンに解決できるようになるなどと、講演で偉そうに言っているにもかかわらず、自分の苦手な高いところが克服できないようでは話にならないと思ったからです。

空中アスレックとは、文字通り、地上7〜15メートルという空中で、アスレチックを行なうこと。もちろん、万一足をすべらせても危なくないよう命綱をつけて行ないます。公園に行くと、よく平均台のような丸太の木がありますよね？　ああいった固定された丸太の上を歩くのは、小学生にもなるとカンタン過ぎてそれほどおもしろくはないでしょう。しかし、丸太がグラグラ動けば、おもしろく遊べると思います。ただし、これが地上8メートルのところにあったら、どうでしょう？　とても恐ろしいものになります。実際、そのような丸太があったのですが、息子は丸太に乗って「なんで、これ、動くんだよっ！」と文句を言っていましたが、まさしくその通り！

子どもたちに続き、私も意を決して挑戦してみたものの、いくら肩の力を抜いても、確かに緊張マックスからは下がってきたけれど、足が震えてしまったり、一歩がなかなか踏み出せず、ものすごく恐怖を感じていました。

それは、私のひとつ前を進んでいた、当時小学2年生の娘も同じだったよう。娘は途中で全く動けなくなってしまいました。次の丸太に移動しようと自分の足を伸ばしても距離的に届かず、泣き出してしまったのです。

ひとつのアトラクション（アスレチック）を一緒に行なうと、大人の体重でグラグラ揺れ、バランスを崩してしまいます。だから私は離れたところにいて、すぐ助けてやることはできない。私は必死に「そこからジャンプして！」と叫びました。しかし娘は足がすくんで「こんなの、ムリだよー！」と大泣きしていました。娘の気持ちもよくわかります。私だって、泣きはしないけど、泣き出したくなるほど、怖かったですから（笑）。

時間は少しかかったけど、娘もなんとかがんばってクリアしました。しかし、次のアトラクションの前で、足がピタリと止まってしまいました。私の後ろには順番待ちの子どもや親たちがつかえています。娘はもう完全に足が止まり、大泣きしている。もう私は少しでも早く娘のところに行くしかありません。

しかし、今までは足をブルブル震わせながら、恐る恐る一歩ずつ進んでいた私が、まるで公園にある地上のカンタンなアスレチックのように、小走りしながら、まったく震えることもなく、娘のところに行くことができました。

それは、なぜか？

「下を見る」という視点から、「前にいる娘を助けに行く」という視点に切り替わった

同じ天候（雨）でも視点を変えると……

からです。下を見ないで前だけ見ていれば、公園にあるちょっと難しいアスレチックと同じこと。

この後のコースからは、怖さが半減しました。だって、下に気持ちを向ける（下ばかり見る）のをやめて、前に気持ちを向ける（前を見る）ようにすればいいのですから。

このように、視点を少し変えるだけで、まったく違うように見えるものはたくさんあります。

● 「今日は、雨か。嫌だな～」
↓ 「お～、せっかくの雨だから、雨の日ファッションを楽しもう！　今日は何を着ていこうかな♪」

● 「ヤバい！　足が震えちゃってるよ～」
↓ 「あれ？　でも、手は震えないぞ！　声の震えもなんだか大丈夫そうだ。思ったより落ち着いているんだな〜」

●「ちゃんと見ているつもりなのに、また緊張しちゃったよ……」

↓「ちゃんと見るようになってから、以前よりは落ち着けるようになったぞ！」

☺人間関係で悩んでいる人の間違った視点とは？

人間関係で悩んでいる人は、ぜひ、次のことをやってみてください。

片方の壁から反対側の壁に向かって、後ろ向きで走ってみてください。

少し広いところがいいのですが、会社の会議室でもロビーでもいい、またはマンションのロビーや近くの公園、家のリビングが広ければリビングだっていい。

▼ワーク1「後ろを気にする」

「壁」（窓ガラスではないほう）に向かって、後ろを気にしながら、後ろの壁に当たらないよう（壁の近くまで）、後ろ向きで危なくない程度になるべく速く走ってみてください。床に物がないことを確認して、くれぐれも転ばないように！

——どうでしたか？

後ろをチラチラ見たりしていても、後ろ向きで速く走るのはなんだか怖いですし、「壁にぶつかってしまうのではないか？」と心配してなかなか速く

同じように後ろ向きで走っても…

後ろを気にしたほうが壁にぶつかりやすく
前（正面）をしっかり見た方がちょうどいい場所で止まれる！

走れないのではないでしょうか？　なかには軽く、壁にぶつかってしまったり、ぶつかりそうになった人もいたかもしれません。

▼ワーク2「正面にしっかり気持ちを向ける」

次に今度は、後ろを気にせず、前（正面）をしっかり向いて、気持ちも前に向けて、後ろ向きにできるだけ素速く走ってみましょう（もちろん、ケガをしない程度に、転ばないよう気をつけて）。後ろをまったく見ずに、です。〝壁の前くらいだな〟と感じたら、止まってください。大丈夫です。ちょうど良いあたりで止まれますから。

——さて、どうでしょう。

すると不思議なことに、後ろが怖くないし、先ほどより速く走れる上、壁の前のちょうど良いあたりで止まることができたのではないでしょうか？　後ろを見ずに走っているのに、です。

うまくできなかった人は、後ろに気持ちを向けて行なっていたと思います。そのような方は、もう一度、前にしっかり気持ちを向けて行なってください。後ろなんか見ないですよ。視線は正面を見て、意識も前に向ける。その上で、後ろの壁に向かって、後ろ向きで走るのです。

「見えないところ」が見えるようになる方法

私たちは、つい「見えないところ」ばかりに目を向けます。「見えないところ」ばかりを見ようとするからうまくできない。しかし——

「見えるところ」をしっかり見るから、つまり「見えるところ」に心を向けるから、「見えないところ」まで見えるようになるのです。

今の例で言いますと、「見えない後ろ」ばかり見ようとすると、怖いし、なかなか速く走れない。しかし、「見えるところ——正面」に気持ちを向けて後ろ向きに走ると、怖くもないし、先ほどより速く走れるようになる。「見えるところ」をしっかり見ると、「見えないところ」も見えるようになるため、後ろ向きに走っているのに、ちょうどよいところで自然に止まれるようになるのです。

なぜ、「見えない後ろ」がわかるようになるかといえば、「潜在意識で感じる」のですが、別に「心で感じる」「氣で感じる」「エーテル※で見る」だっていい。ただ、ひとつ言えることは、「見えるところ」をしっかり見れば、「見えないところ」も〝なんとなく〟わかるようになるということです。理由よりも、このワークを実際に何度か行なってみて、あなたの中でこのことが体感としてわかってくることが大切です。

※エーテルとは、体のまわりにある肉眼ではほぼ見えない生命エネルギーのこと。

だから、人前で話す際も、「見えない心」ばかり読もうとしないで、しっかりと「見えるところ」を見て話してください。「見えるところ」を見るようにすると、「見えなかった心」も見えるようになってくるものです。

先程、おばあさんに道を聞かれたときの話をしました。その際も「見えるところ」、おばあさんのお顔自体や顔の表情、しぐさ、会話の内容やトーン、体全体など「見える

苦手な人・嫌いな人

（見えない部分）

・あの人、私を嫌っているに違いない
・ちょっとのことでイチイチうるさいし、目の敵にされている
・どうせいつも意地悪なことを考えているんだろう

（見える部分）

・よく見ると、私以外の人にもぶっきらぼうな接し方なんだ
・観察してみると、仕事に対して、本当に一生懸命なんだな
・そういえば、この人が他人の悪口を言っているのを聞いたことがないな

ところ」をしっかり見るから、「今、伝わっている」とか「伝わっていない」などと、「見えないところ」までわかるようになってくるのです。

どうしても苦手な人、嫌いな人がいると、「見えない心」ばかりを見ようとするから、自分が勝手につくった被害妄想で、人間関係を悪くしていく。

それよりも、しっかりと「見えているところ」を見るようにする。すると、「見えないところ」も見えるようになる、わかるようになっていくのです。

人間関係がうまくいっていない人は、自分の勝手な思い込みで「見えないところ」ばかりを見ていませんか？「見えないところ」ばかりに気持ちを向けていませんか？

「上司はオレのこと、嫌っているから」
「ウチの親はオレのことなんか愛してないから」
「お母さんが可愛がっているのは、お姉ちゃんのほうだから」
「ウチの嫁は専業主婦なんだけど、オレが仕事に行っている間、何もしてないから」
「あの人は、私がいないときに、悪口言っているに決まっている」
「どうせ、会社は私には期待していないんだから」

これらはぜーんぶ、あなたの勝手な思い込み!

あなたが、こう思うにはこう思うきっかけがあったのでしょう。でも、一度〝視点を変えて〟「本当にそうなのか?」と「見えるところ」をよく見てみてください。

見えていない相手の心ばかりに意識が向いていて、本当は見えていないのではないでしょうか?

視点を変えて、「相手の見えるところ」をしっかりと見ると、今まで「見えなかったところ」が見えてくるかもしれません。まずは、「視点の変更ゲーム♪」っていう軽い感じでやってみても良いでしょう。

『心のベクトル』を意識しよう！

今の自分の視点や心の状態を「ベクトル（矢印）」で表すことができます。

私はこれを『心のベクトル』と呼んでいるのですが、ベクトルで表すとイメージしやすくなる場合もあります。

緊張しているのときの『心のベクトル』はどちら向きでしょうか？

相手やまわりに「見られている」と思っているときですから、「内向き」「自分向き」になってますよね？

緊張しているんだから、リラックスするためには、このベクトルの向きを逆向きに変えればいい。すると、ベクトルは「外向き」であり「相手向き」になり、自分は「見られている側」から「見ている側」になります。

実は、『心のベクトル』は正面に向かって「外向き」（「相手向き」）にすると、「ここぞ！」というときに力を発揮できるような状態になります。

ここを折る

先程の空中アスレチックの例では、ベクトルは「視点」で言うと「下」もしくは「斜め下向き」でした。心の向きで言えば、恐怖でいっぱいですので「内向き」になります。だから、これを正面に向かって「外向き」にすると、恐怖心を軽減することができました。後ろ向きに走る場合でも、『心のベクトル』は後ろ向きですから「自分向き」(「内向き」)です。だから、これを「外向き」にすれば、後ろを見なくても早く走れるなど、思っていた以上の力を発揮できるようになりました。

相手の「見えないところ」ばかり見ているときのベクトルはどちら向きでしょうか?一見、「相手向き」のような気もしますが、違います。「自分向き」になります。なぜなら、勝手な自分の思い込みや妄想でありもしない現実をつくっているからです。例えば、「上司はオレのこと、嫌っているから」は、自分の心の中での勝手な決めつけですので、ベクトルは「自分向き」(内向き)になるのです。

しかし、それを逆にして、「相手向き」にすると相手のことがわかるようになり、そのベクトルがまた自分に返ってきて、より大きな『心のベクトル』として、また「相手向き」になり、相手を包み込んでいくようになるのです。

「緊張したとき」

「うまくいかないとき」

「イライラしているとき」

「恐怖心が起こったとき」

「焦っているとき」

今、『心のベクトル』は、どちら向きなのか、考えてみましょう。

そして、それを正面の「外向き」に変えるようにすると、問題は解決に向かっていきます。

第3章

発する言葉を意識的に変える。

☺ネガティブな発言を日頃からしていないか？

「ネガティブな言葉は極力使わないほうがいい」
「ポジティブな言葉を日頃から使うよう心掛けよう！」
こんなこと誰でも知っていることだし、どの本にだって書いてあること。でも、わかってはいてもつい、多くの人がネガティブな言葉を意識せずに使っていたり、なかには口癖になっている人までいます。

朝起きた早々から「まだ眠いなー」とか「寒い（暑い）から嫌だ」、「4時間しか寝てないよー」「昨日、飲み過ぎなければ良かった」「会社行きたくないなー」とブツブツ言ったり——。

出掛ける準備をしながらも「今日は、雨か……」「なんか髪型、決まらないわ」「こんな日にスーツ、着たくないよ」「あれ、suicaどこ行ったんだよー。なんでなくなるんだよ！」とイライラしたり――。

通勤電車に乗ったら乗ったで「また、電車混んでるよ」「横のヤツ、ウザっ」「うわ、部長、同じ電車に乗るなよ」と勝手に嫌な気分になったり――。

会社に行ったら行ったで「今日はやる気がしない」「本当、ウチの会社はダメだ」「あ～、疲れた」「あの人、仕事、遅くてイラつく」「あの人さえ、いなかったらなー」「オレ、自分に自信がないからなー」「どうせ、私はツイてないし……」「私、あの人、苦手」と不平不満や後ろ向きの発言をしたり――。

自宅に帰ったら帰ったで「部屋、汚いな」とか、奥さんに対して「お前は暇でいいよねー」と嫌みを言ったり、家族に対して「お前たちのためにオレは働いているんだからな」と恩着せがましく言ったり――。

大好きなお笑い番組を好んで観ながらも「コイツ、嫌いなんだよなー」とか「コイツ、つまらないのになんで売れてんだよ」「こんなんで高い金もらえるんだから、ラクでいいよな」「ゴリ推し、ムカツク！」と僻《ひが》んだり――。

寝る前まで「あー、明日、会社に行きたくない」「あー、明日までに企画書仕上げなきゃいけないよ……」「なんでマネージャーは私ばかり、目の敵にしているのかしら」「どうせ、私のことなんか、誰もわかってくれないわ……」などと、朝から晩までネガティブなことを考え、口にしている。

どうでしょうか?
あなたも心当たりがありませんか?

ネガティブな言葉は世の中に蔓延しています。「自分はそういう発言、あまりしてないよ」という人でも、無意識のうちに結構使っているものです。口に出さなくても心の中でつぶやいてませんか?

少しでも心当たりがあった方は、今日この瞬間から、意識的にやめるようにしてください。なぜなら、**ネガティブな言葉は、あなたの体にも心にも確実に悪影響をもたらすから**です。

☺「折れない腕」は誰でもできる！

あなたに言葉の影響力ををわかってもらうために、ここで「折れない腕」というカンタンな実験をやってみましょう。

▼ワーク

まず、どなたか協力してくれる人を一人見つけてください。

そして、次ページのイラストのように、どちらか片方の腕をまっすぐ伸ばしてください。左右どちらの腕でも良いのですが、最初は利き腕でないほうが力に頼りづらく、わかりやすいかと思います。

そこで、腕を肘《ひじ》の折れ曲がる方向に折り曲げてもらってください。あなたが、力も何も入れずに、ただ腕を出しただけの状態（第1章の休んでいる状態）なら、相手はカンタンに折り曲げることができるでしょう。

次に、腕に力を入れるとどうでしょうか。

相手には、力を入れてあなたの腕を折り曲げようとしてもらい、あなたは力を入れて曲げさせまいとしてください。

日頃から筋力トレーニングをしている人やもともと力がある人、または相手の力が弱ければ、相手が力を入れてきても耐えられるかもしれません。でも、相手の力が自分より強かったり、これを長時間続けていると、だんだん折れ曲がってくるでしょう。それに、力を入れ続けるのは結構しんどい。


第1章で何度もお伝えしている通り、力を入れるよりも、力を抜いた状態、つまりリラックスしている状態のほうが断然強い。

だから、今度は、肩や腕などのムダな力みを外

した状態で、腕を上げてみましょう。

このとき、自分の腕が「一本の太い棒」になったようなイメージを持ってもいいですし、自分の腕が「消防ホース」になり、指の先から大量の水が発射されているイメージなどを持ってもやりやすいと思います。繰り返しになりますが、くれぐれも肩や腕の力は抜いてくださいね。あなたの腕は、「太い棒」や大量の水が噴射されている「消防ホース」なので、曲がるはずはありませんから。

準備できたら、この状態で相手から腕を折り曲げてもらいましょう。


――どうでしたか？

曲がらなくなりませんか？　しかも、相手がどれだけ力を入れてこようが苦じゃないですよね。というか、ラクですよね？

もう一度繰り返します。**力を入れた状態よりも、力を抜いた状態、体をゆるめた状態のほうが圧倒的に強いのです。**

☺言葉はこれだけ体に影響する！

さて、ここからが本題です――。

力を入れていない状態で、「折れない腕」ができていることを確認できたら、次のことを行なってみてください。

▼ワーク1「ポジティブな言葉」

「折れない腕」を継続しながら（相手にあなたの腕を曲げようとしてもらいながら）、あなたはポジティブな言葉を言ってみましょう。

ポジティブな言葉ならなんだっていいです。例えば――

「今日は気分がいい」
「この本、すごくタメになるな～」
「楽しいな～！」

ここを折る

「よーしぃ、やる気が満ち溢れてきたぞ！」

「私は、できる！」

「きららちゃん、大好き！」

「私って、本当に運がいいわ」

「あ～、幸せ！」


――さぁ、どうでしょう？

相手がいくら力をかけて折り曲げようとしてきても、折れないのではないですか？　それればかりか、ポジティブな言葉を口にすればするほど、折れる気がしなくなりませんか？　余裕すら出てきますよね。

▼ワーク2「ネガティブな言葉」

では、今度は、逆にネガティブな言葉を言ってみましょう。


「今日は気分が悪いな」

「この本、よくわかんないな～」

「つまんないな〜！」

「なんか疲れたな！」

「私って、ダメかもしれない……」

「アイツ、ムカつくな！」

「私って、本当に運がないわ」

「あ〜、なんて不幸なんだろう」


——どうでしょうか？

どんどん折れてきませんか？　今までできていたものが、できなくなってしまいませんか？　どんなに意志の強い人でも、ネガティブな言葉を口にすればするほど腕が折れてきてしまいます。

なぜ、折れてしまうのか？

自分が発した言葉は、心にも体にも影響してくるからです。

あなたにどんな能力があったとしても、ネガティブな言葉を口に出して仕事に向き合えば、力は半減してしまいます。〝ここぞ！〟というときに本領を発揮できなくなるのです。

逆に、ポジティブな言葉を日頃から出していれば、磐石《ばんじゃく》な体制でいられる。〝ここぞ！〟というときに、あなた本来の力が出せるようになるのです。もっと言えば、今まで力んでいたことで本来の力よりかなり少ない能力しか発揮できていなかったあなたは、自分が想像している以上の力、つまり本来の力を発揮することができるようになるのです。

仕事を始める前にポジティブな発言をする

ポジティブな言葉を言うと、腕が折れない。

ネガティブな言葉を言えば、腕が折れる。

さきほどの実験で証明されたと思います。そして、

「自分が発した言葉は、心と体にも影響する」

というのもわかっていただけたと思います。

ならば当然、仕事を始める前に、ネガティブなことを口に出したのでは、仕事もはかどらないことはわかるでしょう。仕事を始める際にも、ポジティブな言葉を口にしたほうが断然はかどるはずです。

もちろん、最初からポジティブな気持ちも持ち合わせているのが望ましいのですが、たとえ気持ちが落ち込んでいても、あえてポジティブな言葉を発するようにしてください。

なぜなら、よく言われていることですが、〝楽しいから笑う〟のは当たり前です。しかし、逆に、〝笑うから楽しくなる〟。こちらも正しい。気分が落ち込んでいるときや具合の悪いときでも、ムリにでも良いのでポジティブな言葉を使うように意識していると、不思議と気分が良くなってくるものなのです。

カンタンですよね？

置かれた状況にかかわらず、どんなときもポジティブな言葉を発するようにする。

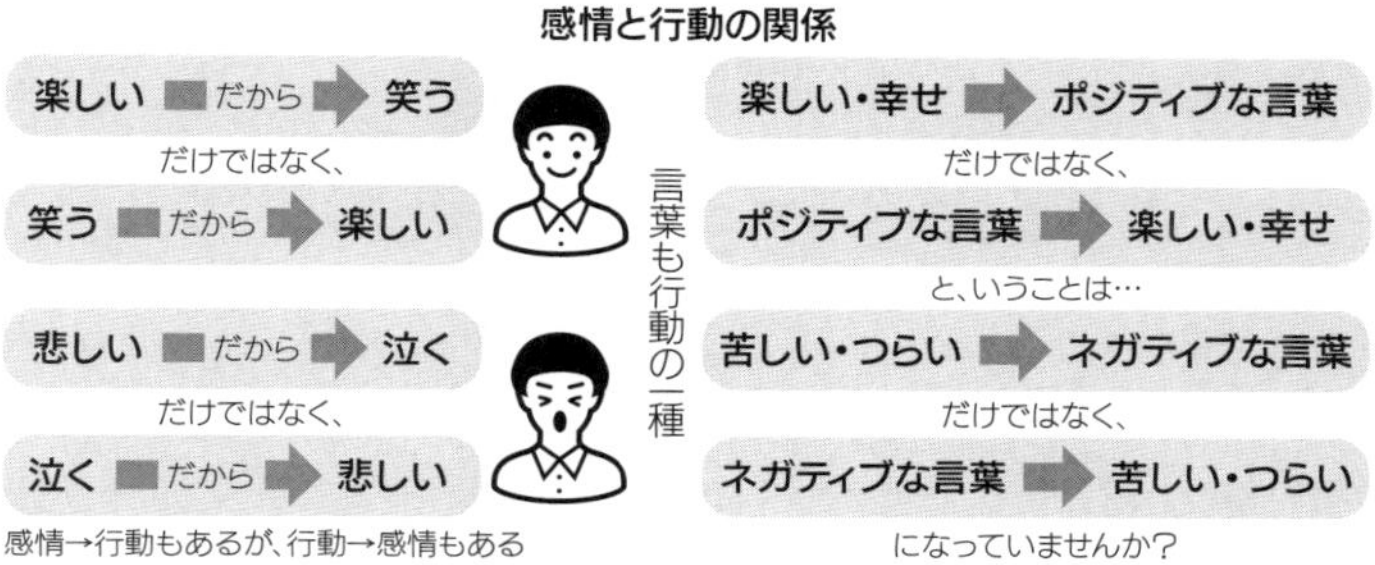
感情と行動の関係
楽しい だから 笑う
だけではなく、
笑う だから 楽しい
悲しい だから 泣く
だけではなく、
泣く だから 悲しい
感情→行動もあるが、行動→感情もある
言葉も行動の一種
楽しい・幸せ ポジティブな言葉
だけではなく、
ポジティブな言葉 楽しい・幸せ
と、いうことは…
苦しい・つらい ネガティブな言葉
だけではなく、
ネガティブな言葉 苦しい・つらい
になっていませんか？

なっとくポイント

苦しい・つらい状況でも、ネガティブな言葉はなるべく使わず、できるだけポジティブな言葉を出すようにしましょう！

気分が良くないときも、ネガティブな言葉はなるべく言わないようにする。

——ただ、それだけです。

最初からネガティブな言葉をゼロにするべきだと言っているのではありません。徐々に少なくしていけばいい。例えば、1日20回ぐらい言っていたのなら、まずは1か月かけて1日10回まで減らすようにすればいい。そして、2か月後にはゼロに近づければいい。もちろん、人間なんですから、ゼロにはならないと思います。でも、意識して気をつけていればゼロに近づいていきます。

すごく当たり前のことですが、日頃からネガティブな言葉を口にしていたり、ネガティブな発想をしている人の人生が、上手くいくわけがありません。

なかには、ちょっと大切な日に雨が降ったぐらいで、

「私、雨女だから。いつも、私って肝心なときに、雨が降るのよねー」

なんて言う人がいる。


……あなたは、天候をも自在に操る神様ですか⁉

んな、わけない！


同じように、不運ばかりが続くことはそうそうありません。よく考えればわかりそうなものなのに、日頃から「自分は不運だから」と決めつける人がいます。それは、自分が不運なのではなく、自分で自分を不運に導いてしまっているだけなのです。

ここを折る

☺本来のポジティブとは？

「なんで、私だけ幸せになれないんだろう」
「なぜ、オレばかり、運がないのだろう」
「なんか、いつもうまくいかない」

あなたが少しでもこんな風に考えているなら、それはあなたが日頃からネガティブな言葉を使っているからなんです。

もしかしたら、あなたもポジティブな言葉は使ったほうがいいことはわかっていたし、「人生、明るく生きなきゃ！」などとポジティブな考え方で、なるべくポジティブな発言をするように意識してがんばってきた時代もあったかもしれません。だけど、そのことを恋人や友人、同僚などに否定されたり、ポジティブにがんばってきたのに人間関係や仕事でうまくいかなかったり、何かのきっかけで病気や事故などに見舞われて健康を崩してしまったり、前向きにがんばろうとセミナーに通ったり自己啓発の本を読んだりもしてきたけれど、結局何も変わらずあきらめてしまったのかもしれません。

または、ポジティブシンキングっていうのは、バカみたいに明るくしたり、どんなときでも「ついてる♪　ついてる♪」とか「ハッピー♪　ハッピー♪」って笑顔で唱えているものだと思い込み、生理的に受けつけない人もいるかもしれません。

でも、そういった人は、『本来のポジティブ』がどういうことかをわかっていません。


人生には良いことも悪いこともあります。『本来のポジティブ』とは、人生の良いことも悪いことも受け止め、それを楽しみ、もしくは楽しもうと努力し、自分を成長させていくことです。

ひと言で言えば、今の自分を超えようと楽しむこと――これが『本来のポジティブ』なのです。

☺ 人生はある意味、テレビゲームだ!?

私は大学卒業後ゲーム会社に就職したのですが、その理由は昔からテレビゲームが大好きだったからです。

特に『三國志』という、プレイヤーが中国乱世時代の一国の君主になり、関羽や張飛、孔明といった名高い武将たちを自由に動かし、中国統一を目指していくというシュミレーションゲームが好きでした。

最初から強い君主――例えば、もう複数国の領地を持っていて、お金や兵糧が豊富で、武力の高い武将や知力の高い軍師を何人も持っている君主でゲームを始めると、中国を統一するのはわりかしカンタンで、あまりおもしろくはありません。ですから、私は自分の名前で新しい君主をつくり、ものすごく僻地《へきち》の国からスタートし、しかもハードな設定で、中国統一に向けてがんばるのが好きでした。ときには敵国に大敗北したり、一生懸命育てていた武将と離れ離れになったり、まれに寝返られたり、「もう、絶対コレ、クリアできねぇーよ！」とあきらめかけたり、でも、それでもなんとかゲームクリアできたときは、なんとも言えない達成感や楽しさがありました。

こういった表現は誤解も生むのであまりよくないのかもしれませんが、人生はある意味、このようなゲームのような側面もあるものだと思っています。

最初から裕福な家庭に生まれたり、心優しい親に育てられたり、生まれたときから能力が高かったり、外見も良かったり、人間的に魅力的なものを持っている人がいると、素晴らしいことだと思いますし、うらやましいとも感じます。

だけど、最初は何も持っておらず、ときにはそのへんの人よりも試練が多く、苦しくてしんどい境遇にあるかもしれない。だけどそれでも、自分を超えて、もしくは超えようとして成長していくから、人生は楽しいのではないでしょうか。

人より苦難な人生の意味

私が中学生ぐらいの頃だったでしょうか、ファミコンで『グラディウス』というシューティングゲームが流行しました。私もハマり、よく遊んでいたのですが、ステージを進めて行くと、敵が溢れ、ミサイルを大量に打ち込まれ、非常に難しくなってすぐに撃墜されてしまったものです。そのとき、全ステージクリアした友人から「無敵」になる裏ワザを教えてもらいました。なかなか思うようにステージが進めなかったので、この情報にとても喜び、「無敵」になったおかげで、最終ステージまでカンタンにクリアすることができました。

しかし、ぜんぜんおもしろくありませんでした！

エンディング画面を見ることができても、達成感なんて皆無でした。当然ですよね、ステージが進みどれだけ難しくなっても、強大な敵が現れても、敵に四方八方囲まれても、撃墜なんかされない「無敵」状態なのですから。

人生でも同じようなことが言えると思います。難しいことをいともカンタンに達成している人を傍から見たら、幸せそうに見えるかもしれません。でも、おもしろいかどうか、本当に幸せかどうかはわかりません。もちろん、傍からはカンタンそうに達成して見える人の場合でも、よく見てみると、そのバックヤードでは相当な努力をし、それを他人に見せないようにしているのかもしれません。

私はよく思うのですが、ゲームではクリアできる力があるから、あえてハードな設定で遊ぶ。——人生も同じなのではないでしょうか？

もしあなたが人よりも苦難の多い人生だとしたら、それを乗り越えられる力があるから、乗り越えたり成長していったときの楽しさを知ってもらいたいから、難易度の高い設定の人生を与えられたのではないでしょうか。もし仮に生まれ変わりというものがあるとしたら、もしかしたらあなた自身で、「今度は難しくして、人生をもっと楽しもう！」とハードな設定の人生を選択したのかもしれません。

せっかく本当は能力が高いのに、ネガティブな発言をし続け、くさってしまったり、あきらめてしまったり、あえてデキないようにしてしまったら、これほどもったいないことはありません。

それに、もしあなたが、

「こんなのは違う！」

「こんなのは本当のオレ（私）じゃない！」

「なんで、こんなこともできないんだろう！」

「なんで、こんなことぐらいで悩んでいるんだろう」

などと日頃から感じていたり、テレビや雑誌で活躍している人などを見て、

「オレ（私）だって本当は……」

「なんで、こんな奴だって活躍しているのに……」

ここを折る

などと妬んだりする気持ちが芽生えるのは――

本当のあなたは、

「今のようにくすぶっているあなた」

「今のように、デキない自分を演じているあなた」

「今のように、ちょっとのことでネガティブな発言ばかりしているあなた」

ではないからではないでしょうか？


それを潜在意識があなたに気づいてほしくて、教えてくれているのかもしれません。

なかなかうまくいかなかったり、自分がダメだなと思うことが多かったり、今の自分が嫌いだったり、今の自分を変えたいな、と思っている人ほど、**意識してポジティブな発言をするようにしていただきたいのです。**そのほうが物事はうまく運びやすくなるし、人生も絶対に楽しくなります。そして何より、あなたの本来持っている力が発揮できるようになるはずですから。

心のリストカット

私がいつももったいないなーと思うのは、自分で自分自身を傷つけている人があまりにも多いこと。私も昔はそうでした。何かやってみて、ちょっとできないと、次のような言葉を口にしていました。


「だから、オレはダメなんだよ！」

「オレってバカなんじゃない？　なんでこんなこともできないの？」

「やっぱりな……思ったとおりに失敗したよ」

「ほーら、期待した自分がバカだったよ」

「どうせオレには、運ないし！」


もしあなたが昔の私のように、自分自身にこんな言葉をかけているようなら、あなたは自分を弱くし、可能性を潰しているだけです。

ここを折る

こんなのは自分に厳しくしているのではないですよ！　自分自身を傷つけているだけです！

こういう言葉を自分に投げかけるのは、自分の心にナイフで傷をつけているようなもの。言ってみれば、「心のリストカット」です！　より正確に言えば、「メンタルカット」です！　こんなこと、もうやめましょうよ!!

きっと、この本を読んでくださるようなあなたは、自分自身に厳しいタイプだと思います。だって、いつもポジティブな人なら、こういった本を読まないだろうし、あなたは「嫌な自分を変えたい！」「今の自分を超えたい！」などと思って、この本を手に取ってくださったのではないでしょうか。

自分を超えたいがゆえに、ネガティブな発言をしてしまうのだとは思いますが、もうこれ以上、自分自身を傷つけないでください。ナイフで自分の心を切るようなことはしないでください。

ひとつひとつの傷は浅かったとしても、それを重ねていくうちに、後戻りできないほ

どの深い傷になってしまいます。
ぜひ、あなたは、あなた自身の味方であってほしいし、がんばっているあなた自身を最後まで応援する人であってほしいです。

ネガティブをポジティブに変換できるカンタンな方法

ネガティブな発言をすると、心も体も弱まってしまう。でも、それを回避できるというか、ポジティブに変換できてしまう、カンタンに使える方法があります。名づけて、ポジティブ変換法！

例えば、先ほどのように、うっかり自分自身を傷つけてしまう言葉を口にしてしまったら、次のような言葉をつぶやき、ポジティブなことを言い直せばいいだけ。

「だから、オレはダメなんだよ！　……うっそぴょ〜ん！　本当はダメじゃないよ

ここを折る

ポジティブ変換法

時間の流れ
「うっそぴょーん！」
で変換！
ネガティブ
ポジティブ
ポジティブ

なっとくポイント

人間は古いものより、
新しい言葉、出来事、イメージの影響を大きく受ける！

～ん！　本当は超デキる奴だよ～ん！」

●「オレってバカなんじゃない？　なんでこんなこともできないの？　……うっそぴょ～ん！　バカじゃないよ～ん！　バカなふりをしてただけだよ～ん！　本当はできるんだよ～ん！　どうやったら、できるか、考えちゃうよ～ん！　今に見とけよ～ん!!」

●「やっぱりな……思ったとおりに失敗したよ……うっそぴょ～ん、思ってないよ～ん。誰だって、失敗はつきものだよ～ん。ドラマの主人公のように、あえて一度失敗して、まわりに共感を呼び、成功するんだよ～ん！」

●「ほーら、期待した自分がバカだったよ……うっそぴょ～ん、バカじゃないよ～ん。ずっと期待するよ〜ん!!　ボクだけは最後まで味方だからね〜!!」

●「どうせオレには、運ないし！……うっそぴょ〜ん、運いいよ〜ん！　この前だって、ラッキーなことあったよ〜ん！」

――私のこと、バカだと思ったかもしれません。はい、バカです（笑）。

でもこれは、ちょっとバカになったような気持ちでやることが大切。ついネガティブな言葉を口に出してしまっても、こうやって言い直すだけで、ポジティブな気持ちになりますから。コツは、あえてバカみたいにとか、子どもの頃に戻ったように楽しんで言うことです。

わかっているとは思いますが、言葉の意味的にはネガティブな「バカ」も、ここではポジティブな意味合いで使っています。ポジティブな意味合いの「バカ」は、心を明るくします。

ちなみにこの方法を、先ほど行なった「折れない腕」で確認してみましょう――。

「だから、オレはダメなんだよ！」

ってつい言ってしまったとします。当然ですが腕は折れ曲がってしまいます。ところが、「おっと！　いけない、いけない」とポジティブに変換しようと、一度折れ曲がった腕をまっすぐ直して態勢を整え、

「うっそぴょ～ん！　本当はダメじゃないよ～ん！　本当は超デキる奴だよ～ん！」

と続けると、そこから後は、相手がどんなに力を入れて来ても、腕は折れ曲がらなくなります。

この「ポジティブ変換法」はかなり有効的ですから、ぜひバカにしないで、やってみてください。

床や地面に食べ物を落としても、3秒以内に拾って食べればセーフという「3秒ルール」ではありませんが、たとえいったんネガティブなことを言って、自分の心を傷つけてしまっても、すぐに「うっそぴょ～ん」と続ければ、傷は消えて、つかなかったことにだってできるのですから。

（※ちなみに、「ポジティブ変換法」は真実ですが、「3秒ルール」は単なる都市伝説です。はい）

ここを折る

第4章

ヤバいときこそ、一歩前に出る。

昔は質問タイムが怖かった

私がまだセミナー講師を始めたばかりの頃、恥ずかしながら受講者からの質問がとても怖かったときがありました。まだ当時は若かったこともありますが、自分より一回りも二回りも年上の参加者が難しい質問をしてくることに、恐怖心を抱いていました。

本当に聞きたい内容を質問してくる分にはまだいい。そういうときは、私もちゃんと答えられます。

でも、企業内でのセミナーともなると、本当にいろんな人がいます。私がこれから進めようとしていることに納得がいかない人や、今までの自分の古いやり方を否定されたような気がして頭にきている人、「なんでこの忙しいときに、今さら営業セミナーなんか受けなきゃいけないんだよ！」と最初から斜に構えて参加している人、会社に不信感や不満を抱えていてそれをここで発散しようとしている人……。もちろん、真剣に受けてくれている人がほとんどなのですが、それ以外の人たちが、自分の力を誇示するかのごとく、あえて私を困らせようとする意地悪な質問を投げかけてくるときがありました。

当時の私は「講師として威厳があるように見られたい！」「ナメられたくない！」と虚勢を張っていたので、そういった質問をされると、「マズイ！」と思って無意識のうちに後ろに体を引いてしまっていたのです。これはもう反射的なこと。あなたも嫌いな人、苦手な人が近づいてくると、つい上体が後ろに反れてしまうことがあると思うのですが、それと同じように。

人は身構えたり、警戒していると、どうしても気持ちが体に表れるものですから、体が後ろに引けてしまいがちになります。ましてや、自分を困らせようとする質問にはなおさらです。

最悪な状態で、奇跡が起こった！

ある講演中、やはり私を困らせようとする意地悪な質問があり、思わず反射的に、大きく後ろに引いてしまったときがありました。〝後ろに引く〟といっても、上半身だけが反るように反応する場合と、全身で後ずさってしまう場合がありますが、このときはこの後者。

自分のなかでもかなり後ろに引いたのがわかったので、

「これは、マズい‼　今、たじろいじゃったの、気づかれたかもしれない‼」

と危機を感じ、ビクビクしながらも悟られないよう、後ろに下がった分以上に大きく一歩前に出て、とにかく口を開いたんです――。

すると奇跡が起こりました‼

質問に適した回答が自然と出てきたんです！

なんと言いますか、「湧き出てきた」という感じでしょうか。

あなたも後輩や友人の相談に耳を傾けていたら、不思議といい回答がスラスラ出てきた、という体験をしたことがあると思います。言うならば、潜在意識から言葉が降りてきたような感じ――。

質問に適した回答と言っても、これは自分のまったく知らない言葉が天から降ってきたわけではありません。自分の今まで経験してきたことから、その質問に対する回答としてふさわしいものが出てきたのです。

このときの私は、まさにそれを体験しました。

そしてこのことは、私にとって大きな発見でした。

勇気を出して一歩前に踏み出すと、潜在意識が活性化される――。

本を執筆していても、「何を書こうかな……」「どういう出だしにしようかな……」と思っていると、いつまでも書けずに進まない。だけど、「とりあえず、なんでもいいから書こう」と書き始めていくと、潜在意識が活性化してどんどん発想が浮かび進んでいくようになるもの。

私はこの一件までは、講演で最初に大勢の前に立ったとき、足がブルブルって震えてしまったりすると、震えているのをバレないように、演台の中にいがちでした。しかしこの経験があってから、足が震えたときこそ演台の中から外に出て、さらに前に出て話すようにしました。すると、緊張が不思議と和らいでくるようになったのです。

なぜなら、ビクビク緊張しているとき、反射的に後ろに引いたときなどは、『心のべクトル』は自分向き、つまり「内向き」になっています。しかし、一歩踏み出すと、『心のベクトル』は相手向き、「外向き」に変わるからです。

☺ヤバいときこそ、一歩前に出る!

だからこそ、あなたもビビったとき、緊張したとき、それがバレていないかなど気持ちが「内向き」になってしまったときこそ、一歩前に出てほしい。演台の中にいるのなら、飛び出してほしい。すると緊張が和らいでくるんです。

緊張している度合いが高いときほど、その分、大きな一歩を踏み出してください。

- 人前でプレゼンしたとき、お偉いさんからのきわどい質問やまわりから反対意見が出たりして、反射的に後ろに下がってしまったとします。そしたら、二歩ぐらい前に出てから回答する。
- 上司に企画を出したとき、ダメ出しされた。つい、後ろに引いてしまった。そした

ヤバいときこそ、一歩前へ!

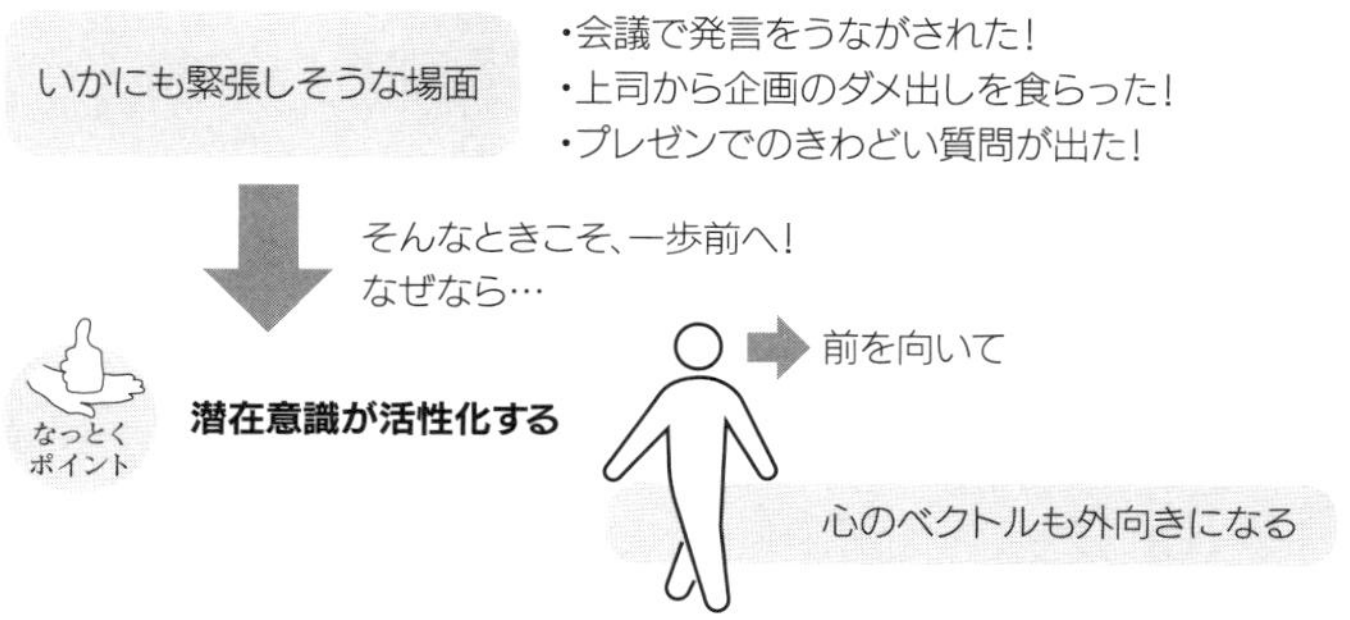
いかにも緊張しそうな場面
・会議で発言をうながされた!
・上司から企画のダメ出しを食らった!
・プレゼンでのきわどい質問が出た!
そんなときこそ、一歩前へ!
なぜなら…
なっとく
ポイント
潜在意識が活性化する
前を向いて
心のベクトルも外向きになる

ら、一歩でも近づき、近づき過ぎるなら半歩前だっていいから出る。それから、ダメ出しされた部分を説明してもいいし、「ご指摘ありがとうございます!　もう一度出直してきます!」と言ってもいい。

●会議中でも、指されそうになると下を向き、目を合わせないようにする人がいます。正直、見ていて非常に自信がなく弱そうな印象を受けます。指す側から見れば、「こんな人には大きな仕事を任せられないな」と思ってしまうのですが、こういったときも同じ。上司に指されそうになって、つい下を向いてしまったら、その分上体を起こし、上司をしっかり見つめるようにする。

「怖い」とか「緊張したときにそんなことできるかな」と思うかもしれません。私は元々極度なあがり症だったので、その気持ちもよくわかります。だけど、自分の体験から自信を持って言えますが——

ヤバい！　と思ったときほど、一歩前に出てください。潜在意識が活性化し、世界が変わりますから。

あなたも話がはずんだときや、「相手にこのことを伝えたい！」と思うときは、自然と前のめりになったり、上体が前に出ていませんか？　前に出るってことは、伝えたいことがあるということや自信があるってこと。一歩前に出ることによって、そのような状態をつくることができる。『心のベクトル』だって外側に向くし、前に出たときは「見ている側」にだってなれるのです。

しかし、こういったことをお伝えしていると、

「でも、恐怖心が出ちゃったりすると、頭が真っ白になったり、震えてしまって、どう

しても一歩前になんか出られません。そういった場合、どうすればいいんですか？」
と言ってくる人がいます。
お答えします――。

とにかく出りゃ、いいんです！

頭が真っ白になったり、震えたり、汗が尋常なく出てきたりしたら、一歩前に出ればいいだけ。頭の中だけで考えるから出られないんです。ただ、一歩踏み出せばいいだけ。誰だってできるはず。何も難しいことを言っていません。

もし、どうしてもどうしても一歩踏み出すのが難しいと言うなら――、じゃあ、前に向かって歩いてみてください。目の前の相手との距離にもよりますが、前に歩いてもいいのですよ。一歩分後ろに下がったのなら、二歩分前に歩いてみてください。

☺大切なのは〝伝える〟ことより〝伝わる〟こと

人前でプレゼンしているとき、「いつまでもビクビクして身構えて話している」のと「怖いけれど一歩前に出て話す」のでは、まったく説得力が違ってきます。

一歩前に出て話すというのは、〝今の自分を超えよう！〟とがんばった上での話なんです。「ビクビク怯えている在り方のあなた」と、それでも「自分を超えよう！　と行動した在り方のあなた」では、まったくの別人なのです。

いくら話の内容が良かったとしても、「ビクビク怯えている在り方のあなた」の話では、聞いている人にうまく伝わりません。聞く側は「なんか頼りないよな」「なんかこの人の話には惹かれないな」と感じてしまい、内容に説得力が出てきません。

〝伝える〟ことはできても、〝伝わる〟ことはできないんです。

しかし、「自分を超えよう！　と行動した在り方のあなた」の話は、たとえ、話し方がうまくなかったとしても、たとえ、話の内容が当たり前のことだったとしても、「なんか惹かれるな」「なんかやってみようと思うんだよな」などと伝わるものなのです。

一歩前に出るときには、ひとつだけ注意点があります。

必ず、顔は上げて（正面を向いて）前に出てください。

顔を下に向けて出てしまったのでは、体は前に出ても、心は後ろ向きです。心と体の向きが一致していません。

心と体の向きが一致したとき、あなた本来の力が出せるようになります。プレゼンであれば、この状態であるから〝伝わる〟話ができるようになるんです。

「顔を上げて、一歩前に出る」

たった、これだけです。難しくはないでしょう。もちろん、胸なんか張って力む必要はないですよ。ムダな力みに気づいたら取るようにしてください。

☺モチベーションを持続させる方法

私はホットコーヒーが好きでよく飲みます。たまにカフェなどで買って来てもらったのに、そのことをうっかり忘れ、数時間後に飲むとあまり美味しくなくなっています。

バカバカしい質問ではありますが――

「なぜ、コーヒーは美味しくなくなっているのでしょうか？」

当然ですが、**冷めてしまっているから**ですね。

「では、美味しい状態でコーヒーを飲むためには、どうすればいいでしょうか？」

これも当たり前です。**冷める前に、つまりは温かいときに飲めばいい**んですよね。

このことは、モチベーションを維持することとまったく同じこと。

映画を観て「オレもこのままじゃいけない！　絶対に夢に向かってチャレンジしてやるぞ！」と熱くなったり、本書のような素晴らしい本を読んで（笑）、「よーし、怖いと思っときこそ、一歩前に出ればいいんだな」「大切な場面こそ、体のムダな力みをはずし、ゆるめたほうがいいんだな」「これで、人前に立ったときも怖くなるぞ！」などとやる気になったとします。

しかし、一週間も経たないうちに、映画のことや読んだ本のことも忘れ、いつもの自分に戻ってしまう。あれだけ高かったモチベーションもウソのようにすっかり下がって冷めてしまう。

たまに映画や本の内容を思い出し、もう1回やろうと思っても、「やっぱ、オレには無理かもな……」「いいこと書いてあるけど、難しいんだよな……」など思ったりして、以前のようにモチベーションが上がらなくなってしまう。


これは先程の冷めたコーヒーのようですね。冷めたコーヒーを飲んだって美味しくありません。もう一度、温め直すのも面倒ですし、温め直したとしても出来立てより味は格段と落ちるでしょう。

「では、上がったモチベーションを下げないためには、どうすればいいでしょうか？」

当然、おわかりだと思います。

モチベーションが下がらないうちに、つまりは熱いうちにスタートすること。初めの一歩を踏み出すことです。

☺最初は小さな一歩でいい

何事も、初めの一歩を踏み出すには、大きなエネルギーが必要です。就職したときだって、最初に会社に入り、知らない人がいるなかに行くのは抵抗があります。でも、一度入ると入りやすくなる。何度も入ると抵抗なんか全くなくなります。

私もずっと合氣道を習おうと思っていたことがあったのですが、「オッサンになって武道をイチから始めるのはなー」とか、「自分に向いているのかなー」「なんか礼儀作法とかも厳しそうで嫌だなー」とか、「仕事も忙しいし、本読んでるからわざわざ習いに行かなくてもいいかなー」とか、最初の一歩を踏み出せないまま10年以上経ってしまいました。オッソっ！

そんなこんなで、始めたのはかな～りオッサンになってからですが（笑）。それでも最初の一歩――『インターネットで近くに、本で読んだ「心身統一合氣道」の道場があるかを調べる　↓　体験申し込みをする　↓　体験受ける　↓　良かったので、その場で入会する　↓　通う』といったように、いざ踏み出してからは、そこからトントン拍

ここを折る

子で進むようになりました。

大切なことは、もしモチベーションが上がったり、少しでもやる気になったりしたら、今、この場で、どんな小さなことでもいいから、最初の一歩を踏み出すことです。ほんの小さな一歩でも踏み出せば、それがあなたのやりたいことであれば、あとは勝手に進んでいくようになりますから。

部屋の片づけがなかなかできない人も、「少しでもいいから片づけるか」とやり始めると本の並び順まで整理しちゃったりして、食事を遅らせてでもやっちゃったりしたことありませんか？　男性なら女性を夜口説くときだってそうですよね？　最初に誘うまでものすごく抵抗がありますが、うまくいくときは一度一歩踏み出しちゃえば、どんどん進んでいきますよね（笑）。ま、途中で立ち止まるのも変ですしね（笑）。

こういったことは、誰しも経験してわかっているのではないでしょうか？　わかっているのに、やらないなんてそれほど愚かなことはないですよ。

だから、ホットコーヒーを冷めないうちに美味しく飲むように、「モチベーションが上がった」「やる気になった！」「絶対これやろう！　と思った」のなら、ぜひ、その場で、小さな一歩でいいから踏み出すようにしてください。

例えば、小説を書こうと考えたのなら、内容なんかまったく決まってなかったとしても、最初の一歩は、原稿用紙でもワードでもノートでもいい、あなたが下書きしようと思っているものに、ペンで「あなたの名前」と「最初の一歩を踏み出した今日の日付」を書くだけだっていい。資格や何か身につけたい技能などがあるなら、最初の一歩は、その内容の書籍を買うだけだっていいし、持っているなら1ページだけ丁寧に読むでもいい。

あなたは今、どんな一歩を踏み出しますか？

例えば、今だったらこの本を閉じて――

自分が緊張したり、苦手とするシーンを頭に思い浮かべて――具体的にイメージできたら、一歩前に踏み出してみる。

イメージするのは当然、頭の中だけでいいですが、一歩踏み出すのはリアルに踏み出してください。電車の中でも、立っているなら一歩前に出ればいいし、座っているなら顔を上げて前のめりになればいい。

「全部読み終わってから、やろう！」

「明日から、やろう！」

「今、忙しいから落ち着いたら、やろう！」

なんて、思う人がいるかもしれない。でも、「読み終わってから」「明日から」「今度」「落ち着いたら」と思って後回しにしていたら、結局やってないことってたくさんありませんか？　もしかしたら、もう何をやろうと思ったかさえも忘れてしまっているかもしれません。

「いつやるの？」「今でしょ！」というフレーズが一時期流行りましたが、このことは本当に大切なこと。昔から「思い立ったが吉日！」という言葉もありますが、**思ったら今スグやることが大切**なんです。

きっと、あなたのまわりにいる「人生がうまく行っている人」「仕事をバリバリこなしている人」「成長が速い人」というのは、今、その場ですぐに実行に移している人で

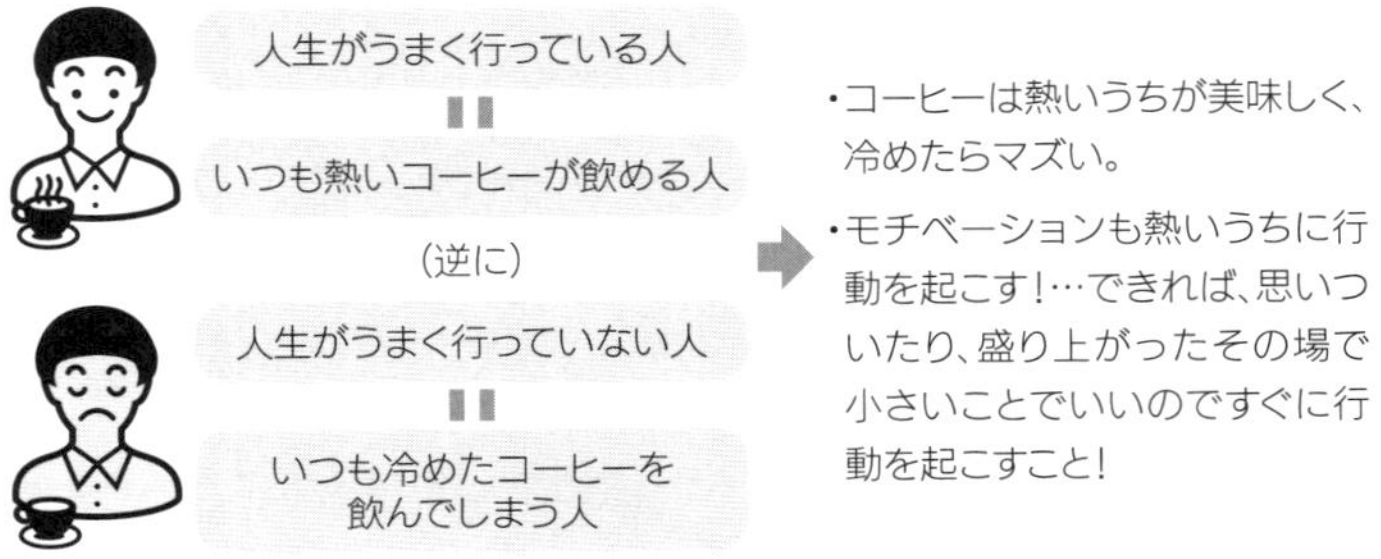
人生がうまく行っている人
＝
いつも熱いコーヒーが飲める人
（逆に）
人生がうまく行っていない人
＝
いつも冷めたコーヒーを
飲んでしまう人
・コーヒーは熱いうちが美味しく、冷めたらマズい。
・モチベーションも熱いうちに行動を起こす！…できれば、思いついたり、盛り上がったその場で小さいことでいいのですぐに行動を起こすこと！

はないでしょうか？

もし、あなたが今、本当にやりたいことや、夢や目標を抱いていて、それが進んでいないのなら、今、ここで、その一歩を踏み出してください。最初の一歩が大きいと抵抗があるかもしれません。ほんの軽い軽い一歩でいいんです。

「いや、でも……」と気持ちが引けてしまったのなら、そんなときこそ、一歩前に出るんでしたよね。

さぁ、今、あなたは何をやりますか？

子どもの頃に遊んだ「だるまさんが転んだ」のように、「はじめのい〜っぽ♪」と言って、やり始めてください。

（もちろん人が近くにいたら、頭の中で言うのでもいいです）

はじめのい〜っぽ――。

第5章

心の凝りカタまりを取って、心をゆるめる。

心の凝りカタまりを取る

体にムダな力みがあると本来の力を発揮できません。だから、体をゆるませて、ムダな力みを取ればいい。

それと同様に、心にもムダな力みがあります。あなたの身近にもいかにも「心が凝りカタまっているな」という人がいるのではないでしょうか？

そのような人がよく口にしそうなセリフをあげてみました。もし、あなたが発しているなら注意が必要です。

「どうして、オレの言うことをわかってくれないんだろう」

「なんで、私だけがツイてないのかしら」

「どうせ、オレ、まわりに嫌われているし……」

「ウチの親はオレのことなんか愛してないから」

「みんな、私のこと、陰で悪口言っているに違いない！」

「会社は私のこと、全然期待していないから……」

「私って、いつも肝心なときに失敗しちゃう」

「人前に出るとあがって話せなくなっちゃうタイプなのよねー」

「あ〜あ、あの人さえいなければ、仕事だって楽しいのに！」

「今の上司は、私のこと、なんにもわかっていない」

「ウチの会社の上って、バカばっかし！」

「私、夜いつも寝れないの！」

「ウチの業界は特殊だから、うまくいきっこない」

「今のカレに嫌われたら、私、もう絶対に生きていけないから……」

「来週の朝礼でのプレゼンのこと、考えただけで夜、眠れなくなるんだけど……」


自分の意見だけが正しいと思って押しつけたり、被害妄想や被害者意識が強かったり、思考のベースがネガティブだったり、間違った思い込みや勝手な決めつけ、行き過ぎた考え方、必要以上の妬みや執着、恐怖……。

このような言葉をいつも口にしている人、あなたのまわりにいませんか？　まさか、

心の凝り

あなた自身ではないですよね?

ごくたまに出るのなら問題ありません。もちろん、いつも明るい人だって暗いときもあるし、いつもやさしい人だってつい冷たくしてしまうときもありますしね。でも、このようなことを頻繁に口にしているというならば、明らかに心が凝りカタまってしまっている証拠です。

では、心の凝りカタまりを取るためにはどうすれば良いでしょうか?

体のムダな力みは「体をゆるませて取る」のと同様に、凝りカタまった心も「ゆるませて取ればいい」だけです。

ゆるませるのは、カンタンです。

ここを折る

凝りカタまった心がゆるんだ姿をイメージしたり、縮んでしまった自分の心が大きくなった姿をイメージすればいいだけ。

「心にイメージするだけで、取れるの？」

「イメージしたって、変わりっこない！」

と思った方もいるでしょう。

でも、それは大きな間違いだし、それは心のパワーをまったくわかっていない証拠です。

あなたもこんな言葉を聞いたことがあるでしょう――。


「思考が現実化する」

「想いは叶う」


自己啓発の本やスピリチュアル系の本によく書いてあることでしょう。成功した人のほとんどがこんなことを言いますよね？

これ、実はホントなんですよ。

なかには、「でも、オレ、叶ってないから！」「また、そんな話か……、どうせ叶わないから！」「なんか怪しい話が出てたぞ！」とお思いの方もいるかもしれません。

以前の私もそうだったからわかるのですが、そう思っていた人ほど、これから先は大きな学びになると思います。

「思考が現実化する」なんて当たり前なのですが、今は思考が――あなたが心で描いたイメージが、どう体に影響するのか、そのことをわかってもらいましょう。

きっと、心のパワーのすごさに驚くはずですよ。

☺「人間ブリッジ」は誰でもできる！

▼ワーク

イラストのように、イスの上に、体をまっすぐにして寝てみます。

この状態で真ん中のイスを取り払うのですが、ただいつものようにぼっーと横になっているか、あるいは体が力んでいたりすると、当然真ん中のイスを取り払えば、扇形になるというか、腰のところで折れ曲がってしまうでしょう。

しかし、心で描いたイメージは実現する、でしたよね?

では、体をまっすぐにして寝ながら、例えば自分が「1本の鉄の棒」になったとイメージしてみてください。

体に力を入れる必要なんてありません。ムダな力みを取り、ゆるんでいる状態で行なってください。鉄の棒になっちゃえば、真ん中のイスを取ったって、腰のところで折れ曲がるわけはあ

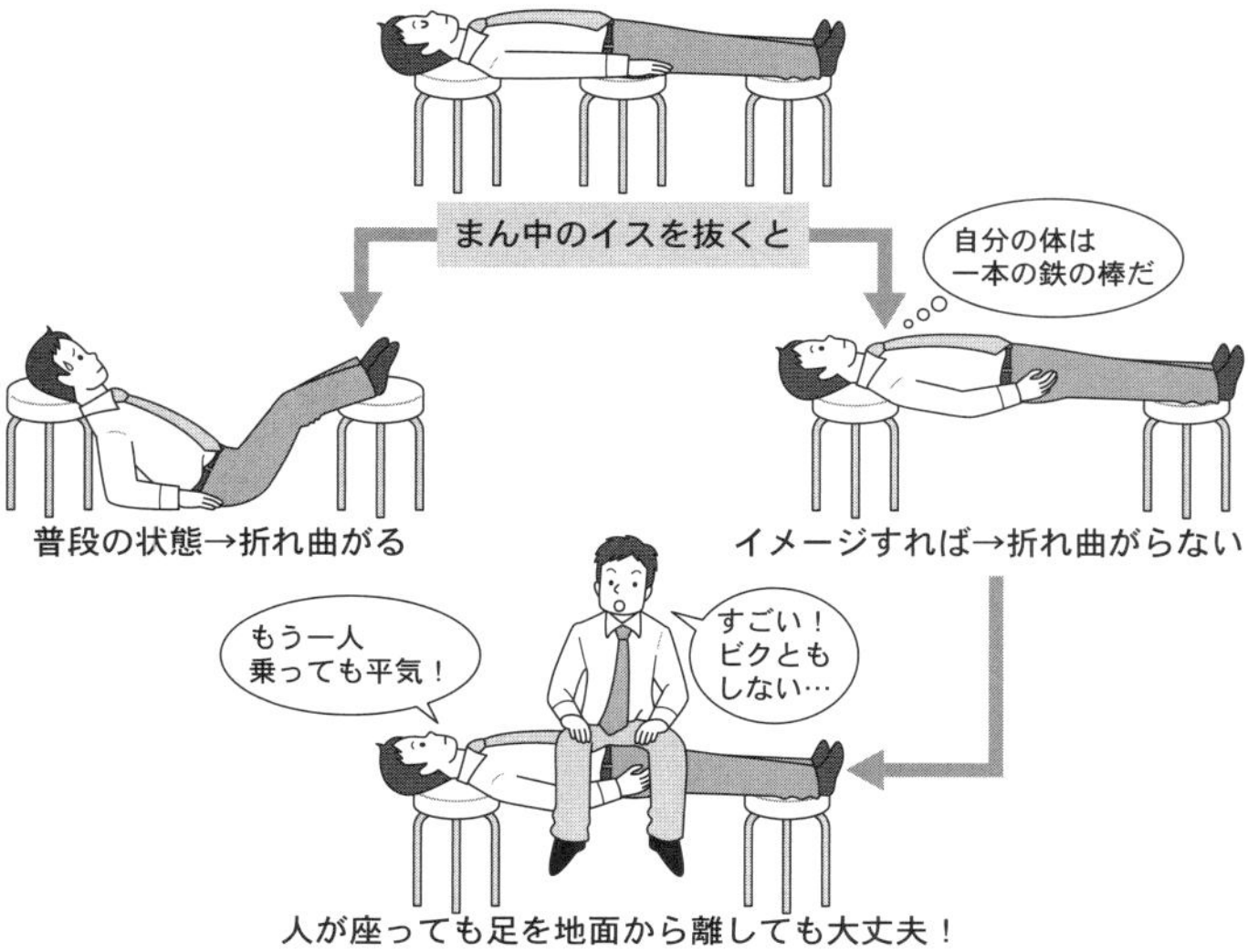

まん中のイスを抜くと
自分の体は
一本の鉄の棒だ
普段の状態→折れ曲がる
イメージすれば→折れ曲がらない
もう一人
乗っても平気！
すごい！
ビクとも
しない…
人が座っても足を地面から離しても大丈夫！

りません。では、イスを取ってみましょう――。


――どうでしょうか？

真ん中のイスを取っても、腰のところで折れ曲がることなく、ピンとした1本の棒のようになっているのではないでしょうか。

そればかりか、ラクに寝ていられたのではないでしょうか？

これは、か弱い女性だって、小学生の子どもだってできます。いや、力のない女性のほうが力に頼らない分スムーズにできますし、心がきれいな子どものほうが素直に信じてくれるので、楽しみながらカンタンにできるでしょう。心が凝りカタまった大人のほうが、フィルターをかけて「そんなの、できっこない！」と実践してもいないのに、頭の中だけで否定し、やろうともしない。

実践することで、「知識」と「体験」が一致して、初めて本当に自分のものになります。

「ほ～、そうなのか」と頭の中だけで理解しようとしないで、後輩を見つけて会議室でやる。家族や恋人、友人に手伝ってもらって自宅でやるなど、必ず実践してください。

ここを折る

手品や催眠術などで見る「人間ブリッジ」ですが、あなたがしっかりと心にイメージすれば、いともカンタンにできるようになるのです。

それればかりか、体重の重い人がこのブリッジの上に座ってもビクともしないのですよ。

もし自分で大丈夫だと思ったなら、どなたか乗せてみてください。

ただ、「あ、マズいかも……」「無理かもしれない……」と心に描いちゃうと、あなたが思い描いたように、体は崩れてしまいますので、注意が必要です。

（※とくにか弱い女性や子ども、腰の悪い人は、人を上に座らせる場合は十分注意して、少しずつ乗っていくなどして行なってください）

☺ほっぺにくっつく手

▼ワーク

もうひとつ行なってみましょう。

例えば、手を頬にピタっとくっつけてみてください。そして、相手を誰か一人見つけて、相手にあなたの手が剥《は》がれるか、試してもらってください。

カンタンに剥がれますよね？


今度は、相手に剥がされないよう、力で抵抗してみてください。

相手は片方の手をあなたの肩に、もう片方の手をあなたの手首あたりを持って、剥がそうとするとやりやすいかと思います。

あなたの力がどれだけあるかにもよりますが、だんだんと剥がれてくるのではないでしょうか？　それにずっと力で抵抗するのはしんどいと思います。

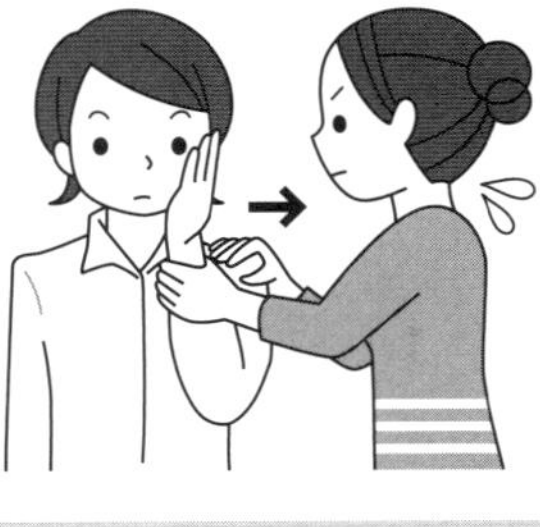

「くっついた！」と口に出し
強く思う

↓

相手が強く力を入れても離れない

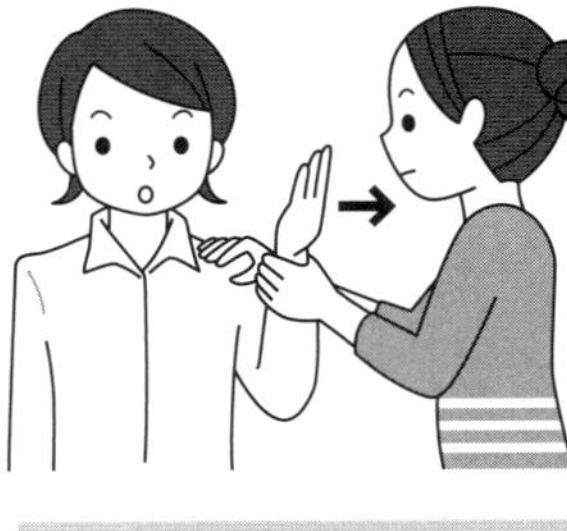

強く「くっついた！」
と思わなければ…

↓

簡単に離れる

さて、ここからが本題です――。

今度は、力なんか入れる必要ないですから、肩の力を抜きリラックスして、手がほっぺにピタっとくっついたという強いイメージを持って、手を頬にくっつけてみてください。なんなら、強力瞬間接着剤を手に塗って、頬にくっついた姿をイメージしても良いですよ。

そして、相手は片方の手で肩を持って、もう片方の手でほっぺにくっついている手首あたりを持って、剥がそうとしてください。（ただし剥がすほうは、不意を突いて、いきなりばっと引き剥がすようないじわるはしないでくださいね）

――どうですか？

剥がれなくないですか？　相手がいくら力を入れてきても、本当にくっついたように剥がれないのではないでしょうか？

たとえ手のひらは少し浮いたとしても、あなたが強いイメージを持っていれば、指先は離れないはずです。

☺本気で心に描くから、そうなる！

もし剥がれてしまったという人は、こんなことを考えていないでしょうか——。

「そんなことで、手が、くっつくわけないじゃん！」

って思っていたら、あなたの思い描いた通りにくっつきません。

また、手のひらが少し浮いてしまったときに
「あ、マズい！　剥がれるかもしれない……」

「剥がれたら、どうしよう……」

「やっぱ、自分には無理かな……」

などと思うと、その思った通りに、だんだんと剥がれてきます。

▼ワーク

剥がれてしまった方は、くっつくイメージを強く持ってください。

次のようにイメージすれば、絶対に剥がれないはずです。

ここを折る

例えば、頬を切ってしまい、傷口から血がどんどん出てきている。頬の手を取ってしまうと血が溢れ出てきてしまう。だから、手を頬にくっつけておかないといけない。

そのイメージで、リアル感を出すためにも「イタタタタ……」とでも言いながら（笑）、頬を手で押さえてください。

そして、先程と同じように相手に手を剥がそうとしてもらってください。

——今度は、どうですか？

これなら相手がどんなに力を入れてきたって、剥がれることはないでしょう。

なぜなら、あなたは「手を頬にくっつけておかなければならない！」と本気で心に描いたから、剥がれなくなったのです。

思考は現実化します。

あなたが本気で「できる」と思えば、できるようになるし、「できない」「無理かもしれない」と思えば、その通りにできなくなります。

口に出し、最後までやり遂げる！

▼ワーク1「くっついた♪」

今度は声に出して、「くっついた♪」と言って、手をほっぺたにくっつけてみてください。もちろん、本気でくっついていると思ってくださいよ。

そして、先程と同様に、相手にはあなたの手を剥がそうとしてもらってください。

――どうですか？

相手が力を入れてきたって、剥がれなくないですか？

もちろんイメージの力は大きいですが、ただイメージするだけより、「イメージ＋声に出す」ほうがより実現化しやすくなります。

▼ワーク2「くっついた♪」→「剥がれちゃうかも……」

次に、「くっついた♪」と口に出してみてから、「剥がれちゃうかも！」と思ってやってみてください。

「くっついた♪」と言ってほっぺたにくっつける。その際、相手が力を入れてきたら、

「もしかしたら、剥がれちゃうかも……」

「剥がれたら、どうしよう……」

などと心に描く。


——さて、どうだったでしょうか？

せっかく最初はくっついていたものが、剥がれてしまったのではないでしょうか？

「くっついているんだから、剥がれるわけない！」

「もう、完全にくっついているから！」

と強く心でイメージしてれば、どれだけ相手が剥がそうとしてきても剥がれるわけがありません。

しかし、自分で「剥がれちゃうかも……」と思うと、とたんに取れてくる。

こういった経験が仕事や夢や目標、恋愛、スポーツなどでありませんか？

せっかく強い意志を持ってできているにもかかわらず、ちょっとしたトラブルやスト

レスがあると、「もうダメかも……」「失敗するかも……」「やっぱ無理かもしれない」と勝手に、自分自身であきらめてしまう。

人前で話しているときだって、ちょっと震えたり、ちょっとうまく話せなかったり、ちょっと嫌な質問が来たりしたら、「マズいかも……」「もうダメだ……」と、急に早口になって早く話を終わらせようとしたり、急にトーンダウンしてしまったりする。

だから、うまくいかなくなるんです!!

仕事でも、夢や目標でも、恋愛でも、勉強やスポーツなどでも、最後まで、やり遂げるまで、強い心を持ってやりましょうよ!!　一度やり始めたら、ちょっとしたトラブルやストレスなんかに負けずに、最後までやり遂げましょうよ!

とくに、あなたが本当にやりたい!　絶対に叶えたい!　成し遂げたい!!　と思っているなら、なおさらです!!!

もし途中でうまくいかなくなったら（この場合、剥がれちゃったら）、その状態のままでやろうとせず、もう一度態勢を立て直して、再度初めからやり直せばいいのです。

発する言葉で、結果がまったく違ってくる！

第2章で、発する言葉の大切さをお伝えしましたが、以下のようなワークをやってみましょう。

▼ワーク

先程と同じように、ほっぺに「くっついた！」と言って手をくっつけて、相手に剥がしてもらうのですが、今度は「発する言葉」をいろいろ変えてみましょう。

「くっついた！」と言っていた言葉を、次のような言葉に変えて発し、どう変わるのか？　考えてみましょう――。

「くっつくといいな」

「くっつくようになりたい！」

「くっついた。……あ～、でも、剥がれちゃうかもしれない」

「くっつく」

「くっついた!」

——どうだったでしょうか?

発する言葉による違いに気づいたのではないでしょうか?

「くっつくといいな」「くっつくようになりたい!」だと、少しくっつくけど、まだ弱い。「くっついた。あ～、でも、剥がれちゃうかもしれない」と言うと、最初はくっついていたのに、自分で剥がれちゃうと言うと、本当に剥がれてきてしまう。

しかし、「くっつく」とか「くっついた!」と言葉を発し、そしてイメージすれば、相手がどんなに力を入れて剥がそうとしても剥がれなくありませんか?

そして、言うならば「くっつく」より「くっついた」のほうが、よりくっつくようになるのではないでしょうか?

心が描いたものはこれだけ体に作用するし、心で描いたパワーはこれほど大きい。発する言葉の力のすごさをわかっていただけたと思います。

でも、そうすれば——

「この仕事できるようになりたい！」ではなくて、「自分ならできる！」とか「自分はできた！」ですよね。

せっかくできるのに、「できないかもしれない」と思い描けば、本当にできなくなってしまいます。**最初はできていても、ちょっとした問題やトラブルが起きたとき、「自分には無理かもなー」と思えば、本当にできなくなってきてしまいます。**

「今度のプレゼンうまくいくといいな」ではなくて、「今度のプレゼンうまくいく！」とか「今度のプレゼンうまくいった」ですよね。そして、強い意志を持って、最後までやり遂げることです！

また、**「幸せになりたい！」「幸せになれるといいな」ではなくて、「幸せだ！」ですよね。**

よく考えてみてください。あなたのまわりに、「あー、幸せ」「あー、楽しい」と言っている人って、本当に幸せそうだし、本当に楽しそうではありませんか？

あなたがよりハッピーになりたいのなら、「あー、幸せ」「あー、楽しい」を意識的に口に出して言うようにしてください。

☺ 心はどこにあるのか?

ところで、心はどこにあるのでしょう?

多くの人は、心は胸(心臓)のあたりにあると思っています。だから、緊張したりあがったりすると、ドキドキしている心臓あたりの胸を静めようとします。

私も昔はよく行ないました。

・面接面談の順番を待っている間
・プレゼンをしなければならない日の通勤電車の中
・会議での発表前
・営業先に行く前のトイレの中　etc……。

体を伸ばしたり深呼吸しながら胸のあたりを静めようとしたり、座りながら目を閉じて心を落ち着かせようとしたり……。しかし、いくらやっても静まりませんでした。そればかりか、静めようとすればするほど、どんどん心臓の鼓動が速くなっていきました。

すぐに緊張する人・あがり症の人には、きっとこういった経験があるかと思います。

「心は脳にある」と唱える人もいます。しかし、そう唱えている人に、「じゃあ、緊張したときは、どこを静めますか?」と質問すると、やはり胸(心臓)のあたりを指したりする。脳にあるのであれば、頭のあたりに手を置くと思うのですが……。結局、よくわかっていない。

それに、もしも「心は脳にある」として、頭のあたりを静めようとしたって、静めることはできません。なぜなら、〝あがる〟とは、**まさにその言葉通りで、本来下にあるはずの体の重心が上に〝上がって〟しまっている**からです。

この状態では、重心が上に上がってしまっているため、どんなに体重が重い人でも、体を軽く押すだけで、すぐにグラついてしまいます。緊張すると体がフワフワしたような感じになるのはそのため。それに、上がって行っているから、顔や耳なども赤くなったり、顔に必要以上の汗をかいたりするのですよ。

頭を静めようとすると、頭に意識が向かっていくので、よりひどくなっちゃいます。頭まであがっている状態で人前で話すと、額から大量の汗をかき、顔や耳が赤らみ、表情もしまっていなかったり、体が微妙に横揺れした落ち着きのない様子で、ちょっと押したら倒れるようなフワフワな感じになる。そんな頼りなさそうな不安定な状態で話したら、どれだけ良い内容の話であったとしても説得力は確実に出ません。

イライラ・カッカしている状態もあがりの状態に似ています。よく〝頭に血がのぼる〟と言いますが、こちらも非常に不安定な状態になっています。

このように、重心や意識が上のほうにある状態では、体も気持ちも不安定で、どんなにそこを静めようとしてもムリなのです。

では、どうすればよいのでしょう?

胸でも、頭でも、身体全体だったとしても**「体の中にある心」を静めようとするから静まらない。**

なぜなら、**心は体の中にあるのではなく、〝体の外にある〟からです。**外と言うと誤解があるかもしれませんが——

「体の中に心がある」のではなく、「心の中に体がある」のです。

ここを折る

心はどこにある？

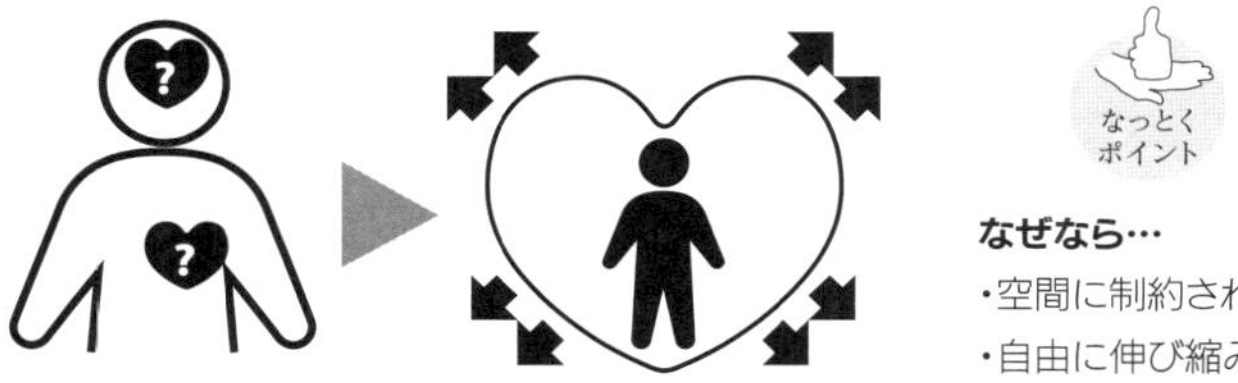

心は体の中（脳か心臓）にある？

実は心の中に体がある！

なぜなら…

- 空間に制約されない
- 自由に伸び縮みする
- 過去や未来に行くこともできる

　心は私たちの体よりもずっと大きく、無限です。だから、自由自在に拡げることができるし、イメージの中では地球の反対側だって宇宙にだって、過去や未来にだって、空間や時間を超えて好きなところに行けます。そして、いろいろな発想で新しいものを造り出したり、相手の心をわかってあげようともできるし、大切な人を愛情で包み込むことや、世の中の悲惨な事件事故や戦争に対して心を痛めたりもできる。心には限界がありません。

　しかし、臓器や体はあくまでも部位であり、大きさや機能に限りがあります。無限に拡がる大きな心が、私たちの小さな臓器や、大きくたってせいぜい2メートルちょっとしかない体の中に収まるでしょうか。心が、そのような体の中にあるわけがありません。

心を静める方法①「ほこりゆらゆら」

心の中に、私たちの体はある。

だから、**心を静めようとするとき、胸や頭といった「体の中にある心」を静めたって静まりません。心は体の外――自分のまわりを囲んでいるのだから、自分のまわりに意識を置いて、そこを静めようとすればいいのです。自分の目の前のまわりを見て、その空間を静めればいいのです。**

例えば、肉眼ではほぼ見えませんが、あなたのまわりには小さなホコリが多数飛んでいます。そのあなたのまわりのホコリが、上からゆらゆらと下に落ちていくイメージを持てばいい。窓があれば、窓から照らす太陽の光でホコリが見えるか探してみて、もし見つかればそれをゆったりと見てみてもいい。そうすると、上擦っていたものがだんだんと下に降りてきて、落ち着くことができるようになります。

ここを折る

☺心を静める方法②「木の揺れを静める」

また、私は落ち着きたいとき、心を静めたいときに「自分の心の中」に、「大きな木」と「自分自身」が包み込まれているイメージ法をよく行ないます。

私の目の前に「大きな木」があって、緊張したりイライラしたり心に不安があるときは、その大きな木の枝葉がびゅーびゅー揺れている。まるで台風のときに風に揺れる映像の木のように。だから、目を閉じて、その揺れを1／2ずつ静めていくことを想像するのです。

木の枝葉を1／2静めたら、また1／2静め、またその1／2、1／2、1／2……と静めていく。

そうすれば、だんだん心は静まっていき、落ち着くことができるようになります。

ただ、注意していただきたいのは、心は常に動いています。どれだけ心の揺れが収まり、落ち着いたとしても心は活動しています。「静止」はあっても、「停止」してはダメ。枝葉の揺れを1／2ずつ静めて行くと、すぐに見た感じ、揺れがないように見えます。

あがったり、緊張したときは……

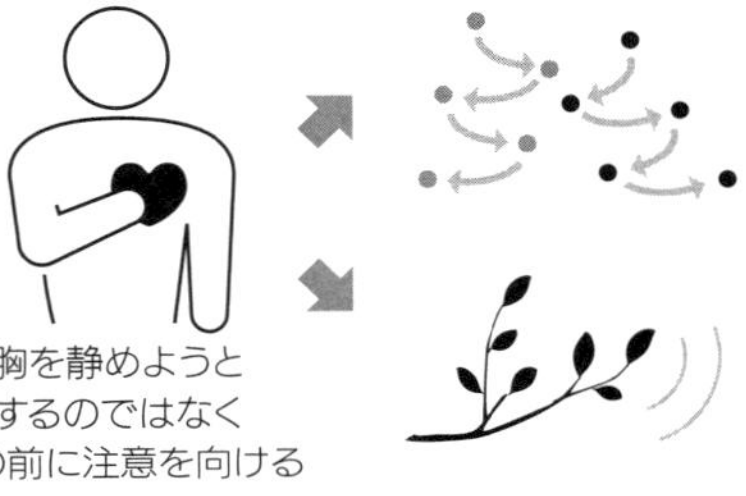

①「ほこりゆらゆら」
上から下に小さなほこりが
ゆらゆらと落ちていくイメージ
②「枝葉の揺れを静める」
大きな樹木の枝葉の揺れを
1／2ずつ静めていくイメージ
胸を静めようと
するのではなく
目の前に注意を向ける

それでもぱたっとやめずに、無限小に1／2、1／2……とやり続けていってください。

自動車でも、エンジンをかけたまま停まっている静止状態だと、見た目は停まっています。しかし、よく見ると振動していて、いつでも発車できる状態になっています。一方、完全にエンジンまで止めてしまう停止状態では、発車するにはまたエンジンをかけて車を温めなければならなくて、時間もエネルギーもかかります。自動車ならまだ停めてもいいですが、心の活動を止めてはなりません。パタっと止めるのではなく、無限小に1／2……とやり続けているイメージを持ち、落ち着いたと思ったら目を開けてください。

もし、実際に窓から木が見えるようなら、その木の枝葉の揺れに着目してもいい。そして、その枝葉の揺れを1／2ずつ静めて行くイメージで行なってもいいですよ。

これらを行なうときは、目を開けていても、閉じていても、どちらでも構いません。自分のやりやすいほうで行なってください。ただし、必ず顔を上げて正面を向いて行なってください。たとえ目を閉じていても、です。下を向けば気持ちも下がりますので、正面を向くようにしましょう。

個人的には、「ほこりゆらゆら」は目を開けていたほうがやりやすいですし、「木の揺れを静める」は目を閉じて行なったほうがやりやすいと思います。

気づいた人もいると思いますが、これらのことを行なうと、『心のベクトル』は「内向き」から「外向き」になるし、視点も「見られている側」から「見ている側」にもなり、おのずと落ち着くようになるのです。

心をカンタンに大きくする方法

緊張やあがっているとき、イライラしたりカッカしているとき、一つの物事に執着したり、誰かのことを妬んだり恨んだり、いつまでもくよくよ悩んだり、目の前の出来事にビビったり、チャンスから逃げ出しそうになったり、必要以上に気にしたり、怯えたり、不安になったり、いろいろ悪いことを考えすぎて眠れなくなったり——。

確実に言えるのが、このようなときは自分の心がまわりやその物事、出来事よりも小さくなっているということです。縮こまっちゃっています。

よく「心が広い人」とか「心が大きい人」と言いますが、そういった人は、もうその言葉通りなのですが、ちょっとしたことでイライラしたりカッカしたり、人の成功を妬んだり、ワザと意地悪したり、ちょっと前に出るだけで緊張したり、自分の利益のことばかり考えていたり、まわりに冷たくあたったり、チャンスから逃げ出したり、夜の飲み屋で悪口やグチを言ったりなんて、当然しません。

つまり、心の広い人、大きい人になりたいのなら、自分の心を大きくすればいい。

心で描いたものが体に現れるのは、「折れない腕」や「人間ブリッジ」「ほっぺにくっつく手」などのワークで、よくわかったと思います。だから、大勢の前で話したって、大きなトラブルに襲われたって、ビクともしない鋼の心を持てるよう、うんと大きくしちゃいましょう！

モリバー法!?

自分の心を大きくするイメージでもいいのですが、人によってはイメージし難いみたいですので、本書ではとっておきの方法で行ないましょう。

題して、「モリバー法」!?

これは、**イメージで、自分自身の体を大きくしちゃうんです。自分の体を2倍、そしてまた2倍、そのまた2倍……と、どんどん大きくしていってください。**

いいですか――緊張したり、イライラしたり、くよくよ悩んだり、不安になったり、逃げ出しそうになったりするのは、その物事より自分が小さいからなんです。

65ページから書いたように、私が部長にお店の売上などを聞かれたときに、うまく答えられなくて、私はあのとき終わったと思いました。ぜんぜんたいした問題ではなかったのに、その後くよくよ悩んだのは、自分の心が小さかったから。

人前に立ったとき、緊張してしまうのは、その聞いている人たちよりも自分が小さいと感じているから。

何か問題があったときに、あたふたしてしまうのは、その問題よりあなたが小さいから。

せっかくのチャンスなのに、怖いから断ったり、逃げ出したりしそうになるのは、そのチャンスよりもあなたが小さいから。

だったら、そんなの吹っ飛ばすぐらいにデカくなっちゃったらいい！

子どもの頃に読んだ童話『ガリバー旅行記』のガリバーのように、大男になっちゃえばいいんです！

そしたら、いくら小人の軍隊が攻めてこようが、いくら小人の軍隊に罵られようが、いくら大勢の小人の前で話そうが、いくら小人の中の偉い人が反対意見を言ってきたって、たいしたことなんかありません。

ガリバーぐらい大男になればよいのですが、よくわからなければ、あなたが今いる建物ぐらいの大きさになっちゃえばいい。でも、それでも、まだ緊張したりするのなら、

モリバー法
心はイメージ次第でいくらでも大きくできる
大きな視点で客観・俯瞰的視点で見れば、たいていのことはたいしたことはない

建物より大きく、駅前のビルより高く、東京スカイツリー超えしたっていいし、なんなら大気を超えて宇宙まで行っちゃってもいいです。

イメージのコツは、2倍大きく、また2倍、またその2倍……と一度大気圏に行っちゃうぐらい大きくなって、今度はその1／2小さく、また1／2……と小さくなって、元の自分にまで一旦戻り、それから、また2倍、その2倍……と大きくなって、ガリバーぐらいになると良いでしょう。こうすることにより、自分の大きさを自由自在に操れるようになります。

デカくなったあなたから見たら、今話そうとしている会場に、百人いようが一千人いようが一万人いようが、たいした問題ではないじゃないですか。また、大きくなったあなたから見たら、意地悪な上司に言われた嫌みや口が悪い事務員から言われた一言なんて、屁の河童みたいなもの。

どうしてもまだムカつくようなら、最悪は、あなたの大きな足を軽く上げて、「ドン！」と地面にたたきつければ、「きゃー」とか「やめてくださ〜い」「命だけはお助けくださ〜い〜。モリバーさま〜」とか怯えて、倒れたり、逃げ出したりするのですから（笑）。

あ、ちなみに「モリバー法」のネーミングは、「森下（モリシタ）」と「ガリバー」をかけてます（笑）。あなたが「大橋」だったら「オリバー法」でもいいですし、苗字より名前のほうがしっくりきて「よしお」だったら「ヨリバー法」にすればいい。ふざけているわけじゃありませんよ！　本当に（笑）。

笑えるかどうかがカギ

でも、心が小さくなったり、縮こまったりすると、笑うことや冗談を言ったり、おもしろいことを考えることができなくなってしまいます。その物事、出来事、場、雰囲気、相手に呑まれてしまっているためです。

自分の心が小さくなってしまったかどうかの判断のひとつは、「笑えるかどうか」「おもしろいことを考えられるかどうか」なのですが、「マズい！　心が小さくなったなー」と思ったら、この「モリバー法」を思い出して、ちょっと遊び心を持った感じで、自分だけの「〇リバー法」をイメージしていただきたいのです。

すると、心が本来の大きさや、もしくはグンと大きくなって、落ち着いたり、まわりが隅々まで見えるようになったり、「こんなのたいしたことないじゃん！」と思えるようになるのです。

このことは、「良い緊張」と「悪い緊張」でも同じこと。

わかってくださっているとは思いますが、念のため勘違いしてほしくないのは、「緊張がすべて悪い」「緊張してはダメだ」と言っているわけではありません。

「良い緊張」や良い意味での「緊張感」は必要です。良い意味での緊張があるから、それに向けてがんばろうとしたり、準備をしっかりしたり、一生懸命考えたり、自分を越えようと成長したり、発する言葉を選んだり、物事のケジメをつけたりするのです。

例えば、人前でスピーチするとなったとき、良い意味での緊張感があるから、話す内容を準備したり、少しでも良い内容にしようとしたり、実際にスピーチする際にも、言葉を選んだり、聞きやすい声で話したりするのではないでしょうか?

しかし、声が上ずったり、手や足が震えたり、汗が尋常でなく出てきたり、心臓が強くドキドキしたり、頭が真っ白になってしまったのは、行き過ぎた緊張であり、悪い緊張です。

緊張していても、笑えたり、おもしろいことを考えられれば、問題ありません。それは、あなたを高めてくれる「良い緊張」ですので。行き過ぎた緊張になってしまったら、体や心をゆるませて取ればいいのです。


――さて、話を戻します。

「ほっぺにくっつく手」のところでも行なったように、あなたのいる場所にもよりますが、声に出して言ったほうが、よりイメージは実現化されます。ですので、例えば、次のように自分でも楽しみながら口に出してもいいでしょう。

「はい、巨大怪人、モリバー参上〜♪」

……くれぐれも他の人には聞かれないように！（笑）

心で描いたものは体に現れる

心で描いたものは体に現れる——自分の体が大きくなったことをイメージしたら、本当に心も大きくなっています。心で描いたものが体に現れるのは、今までのワークで、よくわかっていただけたと思います。

もちろん実際の体は大きくはなっていません。なぜなら、体は「物質世界」のものだからです。でも、心は「心的世界（精神世界）」のものですから、その世界では思い描いた通りに大きくなっています。

ここで、少しだけ脱線させてください。

「心的世界」というと、どこか怪しく思われる人もいるかもしれません。「え？　死後の世界のこと?」と思った人もいるかもしれません。でも、誰でもそういった世界が、私たちの身の回りにあることは、言葉で説明はできなくても、感覚的に感じているのではないでしょうか。

今年の父の日に、小学生の子どもたちが、冷えたビールが好きな私のために、真空断熱構造で保冷効果の高いステンレス製のコップをプレゼントしてくれました。飲む前にはそのコップを冷凍庫で冷やしておいて、ビールを注ぐとキンキンに冷えたビールができあがり、おかげで、とても美味しく飲めています。でも何より、大好きな子どもたちが、私のために何を喜ぶか考え、探し、買ってくれた、その気持ちが本当にうれしかった。だから、そのコップで飲むビールは、世界中のどのビールより美味しく感じるのです。

このステンレス製のコップは、当然ですが「物」です。つまり、「物質世界」のものです。コップに入っている子どもたちの気持ちは「心的世界」のものです。ただそのコップを見ただけでは、子どもたちの気持ちなんて見えません。でも、確かに「気持ち」は入っている――。

あなたの身の回りにもそういった大切な物があるのではないでしょうか? 親が身に着けていた形見、恋人がいろいろ考え探し回って買ってくれたプレゼント、がんばって働いてお金を貯めて買ったブランドものの腕時計……。

もし、「物にそんなのはないよ！」と言う方がいたら、大切な人の形見も、何かの想い出の品も、古くなったら、新しい同じ物に変えちゃっても、それは同じ物ですか？と質問してみたいです――。

（※基本的に同じ製品はもう生産されていない場合が多いと思いますが、この質問の意味を理解していただけたらと思います）

持ち上がらなくなる足

さて、話を戻します――。

「心で描いたものは体に現れる」から、自分の体が大きくなったことをイメージすれば、本当に心も大きくなっている、ってことでした。でも、イメージは「心的世界」のものだから、見ることはできない。見ることはできないから本当に大きくなったか、わからないという人もいるかもしれません。

ここであなたがイメージしたことで変わっていることに気づいてもらいましょう。

▼ワーク

まずは、また誰か一人相手を見つけて協力してもらってください。

そして相手に、あなたの片方の足首を持ち、足を持って上げてもらってください。

相手は片手でも両手でも構いません。

どれだけ相手に力があるかにもよりますが、足を上げることはできるでしょう。

次にあなたはイメージで、あなたの体を2倍、また2倍にして、そのまた2倍……と、大きくなったイメージを持って、「モリバー」しかり、「巨大な○※リバー」になってください。大きさは大きければどれぐらいでもいいですが、今いる建物ぐらいでもいい。（※○にはあなたの名前の頭文字を入れてくださいね！）

――イメージ、できましたか？

イメージできたら、また相手に片足を上げてもらってください。

ここを折る

——どうでしょうか？

きっと相手は上げられなくなったのではないでしょうか？

もし上がってしまった人も、先程よりは確実に重くなっていることに気づくはずです。上がってしまったのは、まだ、あなたはここに書いていることを信頼できていなかったり、リアルにイメージできなかったり、「あげられまい！」と力を入れたりしたのではないでしょうか？

だって、本来動くわけないんですよ！

私は数年前に東京・お台場で、人気ロボットアニメ「機動戦士ガンダム」の等身大立像を見ました。原作と同じ全長18メートルの巨大さといい、今にも動き出しそうなリアルな質感といい、重さ35トンの重厚感でその迫力に度肝を抜かれました。

あなたは、今、「巨大怪物○リバー」ですよ！　なんなら、「機動戦士○ンダム」だっていい!!

そのような大きな足を上げてみろって言われても、上げられるわけがありません！

上がってしまった人は、もう一度、自分が大きくなったイメージを強く持ってください。足も体に比例して、2倍、2倍……と大きくなっています。足に力なんか入れる必要はありません。だって、相手は上げられっこないのですから。

これが慣れてきたら、少し応用ですが、相手に体全体を上げてもらってもいいですよ。同じく相手は上げられませんから。

実際にあなたの体自体が大きくなっているわけではありませんが、イメージすることにより、心は格段と大きくなっているのがわかっていただけたのではないでしょうか。

緊張したとき、あがったとき、恐怖心や不安感にとらわれたとき、自分が「巨大怪物○リバー」になったとイメージする。「でも、本当に変わっているのかな？」という気がしたら、この「持ち上がらなくなる足」の実験を思い出してみてください。

でも、あなたが巨大な「○リバー」になっちゃえば、あなたが今悩んでいる問題なんて、たいしたことではなくなってしまうかもしれませんね！

第6章

自分のセルフイメージを〝今、この瞬間〟から変える。

今感じている緊張は三つに分けられる

どれだけあがり症の人だって、ちょっとのことで緊張する人だって、その緊張度合いを1／3以下に減らすことはできます。

なぜなら、緊張は次のような公式で表すことができるからです。

『自分が感じている緊張度合い』

＝

『自分の過去の体験やトラウマから来る緊張』

＋

『自分の今の実際の緊張』

＋

『自分が勝手に想像してつくった未来の緊張』

ここを折る

（例）

『自分が感じている緊張度合い』

同じ部署での朝礼で、上司や同僚8人の前での3分間スピーチでの緊張度合い。

＝

『自分の過去の体験やトラウマから来る緊張』（過去から来る緊張）

小学生のときの学芸会であがってしまい、頭が真っ白になって、セリフが飛んで、自分の番が来ても何も話せなくなって、みんなに笑われたという体験から来る緊張。「また絶対同じようになるに違いない！」という勝手な思い込みから来る緊張など。

＋

『自分の今の実際の緊張』（今現在の緊張）

上司や同僚8人の前で3分間話す、その実際の緊張。

＋

『自分が勝手に想像してつくった未来の緊張』（未来から来る緊張）

今までの、緊張したりあがってしまった経験から、

「また頭が真っ白になって、何も話せなくなったら、どうしよう」

「またみんなに笑われたら、どうしよう」

「上司や同僚に使えない人だと思われたら、どうしよう」

「手や足が震えちゃったら、どうしよう」

「急に知らない部署の人が来て、その人にまで緊張しているところを見られちゃったら、どうしよう」

「緊張してうまく話せなかったせいで、昇給や昇格がなくなったら、どうしよう」

など、自分で勝手につくった未来の不安や恐れからくる緊張。言い換えれば、自分で勝手につくった妄想から来る緊張。

☺どんな緊張も1／3以下に軽減できる！

前ページのように、**本来は『現実問題の緊張』**だけでいいものを、**『過去の体験から来る勝手な思い込みによる緊張』と『勝手につくった未来の不安や被害妄想から来る緊張』とを合わせ、3倍以上に膨れ上がらせてしまっている**のです。

つまり、**たとえ緊張したとしても、本来感じるべき緊張は、今感じている緊張の1／3以下にはなる**のです。

あがり症の人は、あがりも緊張も、どんな状況でも1／3以下になると言われても、信じられないかもしれません。

では、犬が苦手で犬を怖がる人の例で考えてみたらどうでしょうか――。

（例）

『自分が感じている緊張度合い』

……友人の家に遊びに行ったら、部屋の中に苦手な犬がいた。その犬が近くにいる緊

感じている緊張・恐怖は1／3に減らせる！

なっとくポイント　**本来感じるべき緊張は「現在の緊張」だけ！**

張度合い。

＝

『自分の過去の体験やトラウマから来る緊張』

……幼い頃、親戚の犬に遊びながらしつこくちょっかいを出していたら、いきなりガブッと手を噛まれた。そのときの「いきなり噛みつかれた恐怖」と「痛かった体験」から来る緊張。「また噛まれるに違いない！」という勝手な思い込みから来る緊張など。

＋

『自分の今の実際の緊張』

……犬が近くにいる、その実際の緊張。

＋

『自分が勝手に想像してつくった未来の緊張』

……幼い頃の犬に噛まれた経験から、

「また噛まれたら、どうしよう」

「また急に豹変して襲ってきたら、どうしよう」

「こっちに向かってきたら、どうしよう」

など、自分で勝手につくった未来の不安や恐れからくる緊張。自分で勝手につくった妄想から来る緊張など。


幼いときに犬に噛まれたからって、今度もまた噛まれるとは限りません。その犬だって、幼い頃に出会った犬とは当然違う犬なわけです。そこまで恐がる必要はないのです。「未来の緊張」なんて、他の人が聞いたら、「は〜!?」って思ってしまいます。

それに、ある人が恐怖心を感じる犬だって、犬好きから見たら、「うわ〜、かわいい!」になります。あなたが「犬を怖がっている」なんて言ったら「え〜、大の大人が信じられない!」と思われるかもしれません。

あなたが怖がっている人前での話や不安、恐怖なども、犬を怖がっている人と同じなのかもしれません――。

☺大の苦手だったピーマンだけど……

私はずっとピーマンが嫌いでした。

子どもの頃に食べたとき、とても苦かった思い出があって、結婚するまでずっと食べていませんでした。

私は母が離婚して、夜遅くまで家に居なかったこともあって、幼い頃から一人で食事をしていました。そのため、自分でほかほか弁当やコンビニ弁当を買って食べていたので、注意してくれる人もいなかったし、あえて嫌いなものを食べる必要もなかった。大人になってからは、「オレはピーマン嫌いだから！」とパスタやピザに入っているピーマンは当然として、がんばって高級レストランに行ったときでさえもどけて、食べていなかったほどです。

しかし、結婚し妻に食事をつくってもらうようになってからは、さすがにピーマンを残すのは一生懸命つくってくれた妻に悪いと思い、嫌々ながらも食べてみました。

そしたら、そんなに苦くなかった！　と言うより、その苦味がうまかった!!

あれだけピーマンが苦かった思い出は、私の「勝手な過去の思い込み」と「食べたら、また気持ち悪くなるという勝手な妄想」でしかありませんでした。


よく考えてみてください――。

なぜ、人前に立つと緊張する人と、喜ぶ人がいるのか?

なぜ、犬を見ると怖いと思う人と、かわいいと思う人がいるのか?

なぜ、ピーマンが苦手で食べない人と、大好きな人がいるのか?

なぜ、高いところに行くと恐怖を感じる人と、興奮する人がいるのか?

なぜ、初対面の人と会うのが苦手な人と、人と会うのが大好きで積極的に異業種のパーティーなどに行く人がいるのか?


果たして、あなたが苦手だと思っているもの、すごく悩んでいるもの、恐怖だと感じているものは、本当にそこまで悩み、恐怖すべきものでしょうか?

「ちょっと待てよ。これって、本当にそこまで怖いものなのか？」

緊張や不安、恐れなど、もし感じたら、次のように落ち着いて考えてみてください。

「そんな落ち着いて考えられないよ」

と思ったなら、「指ぶら体操」や「モリバー法」をしてから考えてください。


「ちょっと待てよ。これって、本当にそこまで怖いものなのだろうか？」


「ちょっと待てよ。この緊張って、本当にそこまでカタくなるほどのものなのだろうか？」

「ちょっと待てよ。この恐怖って、本当にそこまで震えるほどのものなのだろうか？」

「ちょっと待てよ。実際の不安は、最低でも1／3には減らせることができるのではないか？」

「ちょっと待てよ。もしかしたら、この恐怖は『過去の体験』と『未来の不安』から来る、勝手に自分がつくり出しているだけの感情なんじゃないか？」

「ちょっと待てよ。犬を妙に怖がっている人のように、本当にそこまで怖がるものではないのではないか？」

「ちょっと待てよ。子どもの頃に苦手だったピーマンのように、今、向き合って食べてみれば、本当は美味しいのではないだろうか？」


先程の例でも出しましたが、同じ部署での朝礼で、上司や同僚8人の前での3分間スピーチを行なうことになったとします。

たとえ朝礼で話がうまくできなくたって、緊張したって、クビになるわけでもないし、年収が下がるわけでもない。大切な家族や恋人と別れなければならなくなったり、失敗したからってお金を取られることもない……。ましてや、あなたが仮に緊張したとしても、そのことをずっと覚えている人なんていないし、あなたの朝礼の話なんてみんなたいして覚えていない……。

たった3分間のスピーチで、本当にそこまで怖がる必要があるのでしょうか？

ここを折る

もちろん緊張するのはわかる。というか、以前の私だったら、もう1週間前から緊張しているかもしれないし、ちょっと考えただけで胃が痛くなったでしょう。

でも、これって、犬に噛まれるのではないか？　と妙に怖がっている人と同じなのではないでしょうか？

それに、あなたはもう、『体をゆるませて落ち着く方法』も『心をゆるませてリラックスする方法』も『見ている側になることによって緊張を取る方法』も『ヤバいときこそ、一歩前に出ること』も知っている。これで、そんな恐怖を感じる必要があるのですか？

どうせなら『視点を変えて』、「自分がどれぐらい成長したのか？」「自分がどれぐらい緊張度合いを減らせるようになったのか？」などと、楽しんでみたらどうですか？

そうしたら、子どもの頃、嫌いだったピーマンが今では美味しく食べられるように、楽しんで大人数の前でも話すことができるかもしれません。

☺過去の悪い体験は続かない！

「自分の過去の嫌な体験やトラウマ」から緊張してしまうのもわかります。不安が訪れるのもわかります。

――ということは、あなたは「過去の悪いこと」はずっと続くものだと思っているということです。

いや、あなたがそう願っているから、〝想いは実現する〟のです。**緊張したいと願っているから、緊張してしまっているのではないでしょうか？**　あなたが自分から、あの過去の体験のように〝人前で震えたい〟と願っているから、震えてしまっているのではないでしょうか？

「そんなこと、あるわけないだろう！」

「なんてこと言うの！　私がどれだけ悩んでいるのかわかっているのかしら」

などと思ったかもしれません。

だったら、「過去の悪いこと」がそのまま続くなんて思うのはやめましょう。
それに、そもそも「過去の悪いこと」はずっと続くものなのですか？

人前で震えてしまう自分　↓　また震えてしまうのではないか？
愛されない自分　↓　このまま愛されないのではないか？
仕事で失敗した自分　↓　また失敗が続くのではないか？
昔、犬に噛まれた自分　↓　また噛まれてしまうのではないか？

本書を読んでいるきっと多くの人が、今まで悪いこと、不安なことが、これからの未来も続くと思っている。

では、一度フラれた人、一度挫折した人、一度借金を抱えた人、一度大きなミスをした人、一度大学に落ちた人、一度大切な人を失った人、一度試合に負けた人は、ずっとこのまま永遠にそのようなことが続くということでしょうか？

んなわけない!!


「過去の自分がこんなんだったから、きっとまたこうなるはず」

――これが、自分の幸せ、自分の可能性、自分の成長にフタをしているものの正体。

悪い過去はそのまま、未来に続くと考えるのが、多くの人がやっている間違いです。


例えば、あなたのかわいがっている後輩が意中の相手にフラれたとしましょう。

そのショックから、「またフラれるのではないか？」という不安で新しい恋愛に勇気が出せないとします。

「ボクなんか、また好きになったって、すぐフラれるし……。どうせ、これからもボクのことを好きになってくれる人なんて現れませんよね？」

と言われたら、

「そりゃ、現れないよ！」

なんて答えますか？　答えるわけないですよね！　きっと――

「そんなこと、ないよ」

こんなふうに答えるのではないでしょうか。
だって、悪いことがそのまま続くとは限りませんから。

自分のこともこう考えてほしい。
あなたの過去がどうであれ、悪い過去は続きませんから!!

過去の良いことは続くもの!

また、なぜかこういった人は、**悪いことは続くのに、良いことは続かないと思っている。**

「今回は、どうにか落ち着いて話せたけど、次回は上手に話せるかわからないから」
「今、カレと幸せだけど、来年はうまくいくかわからないから」
「今季、売り上げがいいけど、来季はわからないから」
「今はうまくいっているけど、来年はうまくいかないいんじゃないかな」

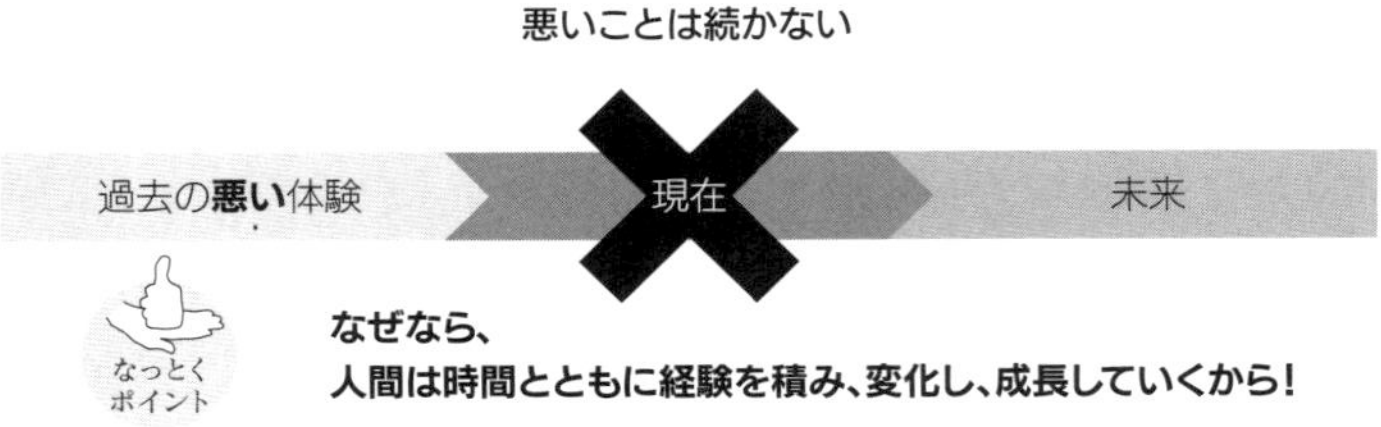
悪いことは続かない
過去の悪い体験
現在
未来
なっとくポイント
なぜなら、
人間は時間とともに経験を積み、変化し、成長していくから！

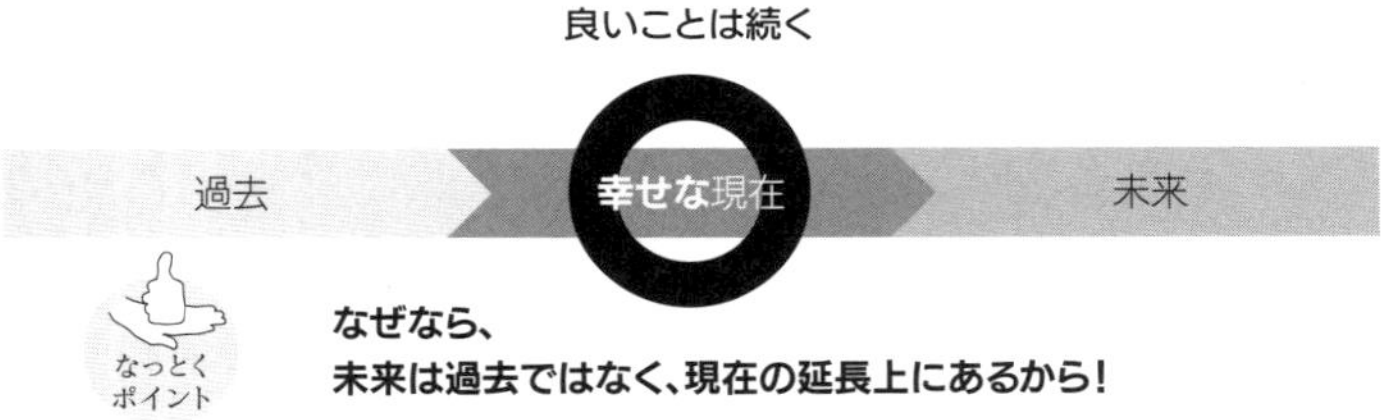
良いことは続く
過去
幸せな現在
未来
なっとくポイント
なぜなら、
未来は過去ではなく、現在の延長上にあるから！

なんて、言い出す。

どう考えてもおかしい。

そんなことありません！

なぜなら、良いことは続くからです！

それは、どうしてなのか？

未来は、〝今〟の延長上にあるからです。

今、幸せなら、来年はもっと幸せになるに決まっている。

今、仕事でうまくいっているなら、来年はもっとうまくいくに決まっている。

今、あがり度合いが和らいだのなら、来年はもっと和らいでいるに決まっている。

今、あなたが本書を読んで、緊張やあが

りを取る具体的な方法を知ることができた。これを実践していけば、来年はもっと緊張しなくなるに決まっています。もっと落ち着けるようになっているはず。

なぜなら、**来年は〝今、この瞬間〟の上積みだから**です。

勉強だって、日数を重ねるほど、知識は高くなっていきます。学校のテストだったら、少しでも長い時間勉強したほうがテストの点数は高くなるでしょう。

友人だって、長年付き合っているほうがより親しくなってきませんか？　もちろん、会っていないとか、もともと嫌いだとかは別ですよ。1年付き合っている友人より、5年付き合っている友人のほうがより基本的には深い仲のはず。

仕事だってそう。接客や営業だって、ずっと長年していれば、お客さんを見ただけで、この人は買うか買わないか、だってだいたいわかります。もっと言えば、このお客さんはすぐにクレームを言うタイプだから、気をつけなきゃいけないなとか、このお客さんは良い対応をすれば、常連になってくれそうだなってこともわかるはず。

料理人だって、長年やっていると、食べなくたって料理を見て、それが美味しいか美味しくないか、わかると言います。

経験から感じられる。雰囲気で感じる。潜在意識で感じる。その人やモノが出している氣やエーテルで感じる。その人のオーラでわかる。ただ、なんとなく感じる。なんでもいい——。長年ひとつのことに打ち込んでいるとわかるようになるんです。

☺なぜ、夫婦関係がうまくいかないのか?

なかには、よくある夫婦関係や恋人関係のように、長く一緒に居れば居るほど冷めてくるのではないか？　と思われた方もいるかもしれません。

でも、それは、「親しき仲にも礼儀あり」と言いますが、「当たり前のこと」をおろそかにしているからです。

基本的なあいさつをしっかりしない、相手の気持ちをわかってあげない、自分のことばかり優先させる、感謝の気持ちを言葉で表現しない、相手をほめないのに文句ばかり言う、相手がやってくれていることを当たり前のことだと思う、相手の良いところではなく悪いところばかり見るなど、そんなことで互いの関係がよくなるはずがありません。

ここを折る

そもそも、結婚してハッピーじゃないなんて、おかしいんですよ！
だって、「結婚してハッピーになること」は〝お互いが望んでいた〟ことなのだから。

では、なんでハッピーになれないのかと言ったら、繰り返しになりますが「当たり前のこと」をおろそかにしているから。相手がどうであれ、それをパートナーに実践すれば、絶対にハッピーになれるはずですよ！

もし関係を良くしたい！関係を修復したい！と思うのなら、あなたから行動に移すべきだし、思ったのなら、〝今、この瞬間〟に一歩を踏み出すことです。小さな一歩でいいのです。

仕事も今が良ければ来年はもっと良くなります。だけど、手を抜いたり、あまり考えもせずに新しいこと、できないことに手を出したり、自分自身でその仕事を楽しんでいなかったりしたら、それではうまくいくわけがありません。

過去の記憶が正しいかなんて、わからない！

さて、話を戻します――。

良いことは、続きます。
悪いことは、続かない。
このことを絶対に忘れないでください。

それに、そもそも、過去の自分の悪い体験が本当かなんて、わからない。だいたい、あなたの記憶が正しいかなんて怪しいところだし、親や学校の先生だってウソを教えますしね。「気をつけのポーズ」(=力んでいる状態)がいい姿勢だなんて、ウソでしたしね。子どもに平気で、「お前はモテない」「あなたはスポーツはデキるけど、頭が悪い」「そういう暗い性格だから嫌われる」「お前は家系的にもこうなる」「職業は公務員がいいに決まっている」「あなたに会社の経営なんて、無理に決まっている」「お金を稼ぐのは難しい。そんなラクして稼ごうと考えてはダメ」「そんなだいそれた夢なんか、叶いっこない」などと、自分の勝手な思い込みで〝ウソつく〟親もいますしね。愛情あっての発言かもしれませんが、

「ちょっと待てよ。これって、本当にそうなのだろうか?」

と疑問を持ち、一度自分の頭で考えてみることは必要です。

あなたの過去のトラウマだって間違いが発端になっている場合が多い。

犬に噛まれたことで犬を妙に怖がっている人のように、自分で勝手に大きな問題にしていたり、トラウマというそれらしい言葉で逃げていたりするだけなのですが。

中学校のときの授業で、漢字を読み間違えたか何かで、クラスみんなの前で笑われたことをきっかけに、極度のあがり症になったTさんのエピソードを思い出しました。

Tさんは、そのときのことや自分があがり症で恥をかいたことを思い出されるのが嫌で、今まで同窓会の時期に静岡の実家に帰るものの、同窓会には出席しておりませんでした。

しかし、私は「もしTさんが、本当は同窓会に参加したいと思っているのなら、勇

気を出して参加してみるといいですよ。そしたらいい機会だから、本当にクラスの人たちがそれらのことを覚えているか、確認してごらん！」と伝えました。

Tさんは勇気を出して一歩踏み出し、同窓会に出席しました。

これも勇気を出して、自分があがり症だったこと、みんなに笑われたことを確認してみました。しかし、もちろん全員に確認したわけではありませんが、まわりで誰もそんなことは覚えていなかったとのことです。

「おとなしかったのは覚えているけど、緊張していたのなんて覚えていない」「そんなことあったっけ？」程度だったとのこと。

それよりも、Tさんはみんなと楽しい思い出話ができて、同窓会に行って良かったそう。ただ単に誰も覚えていなかったのか、それともTさんが過去の体験を勝手に思い込んでいたのかはわかりません。

ひとつ言えることは、私自身もそうでしたが、大げさにしている場合が多々あるということです。

過去は変えられる

それにね、過去は変えられます。

正確に言うと、〝過去に対する見方〟は変えられるはず。

例えば、試合に負けて悔しかった過去も、

「あの試合に負けたから、より練習してがんばることができた」

「あのときの負けの悔しかった気持ちが、自分を成長させてくれた」

「あのときの負けが、自分だけが上手いと天狗になっていた自分に、チームで協力することの大切さを教えてくれた」

と見ることもできます。そうすれば、良い過去になります。


私は、ずっとちょっとのことでバカみたいに緊張していた自分が嫌いでした。これにより何度も恥をかいたし、まわりから笑われたし、チャンスから逃げて後悔したことも多々あったし、恐怖や自己嫌悪で眠れない日だってあった。

でも、そのおかげで、あがりを克服しようといろいろな方法を誰よりも試してきたし、世の中には効かない方法が溢れていることにも気づけた。また、極度のあがり症だった自分がここまで変わったことにより、「人は変われる」ということを実体験として学べたし、こうして本も書けるようになったし、人に教えることもできるようになった。


私は幼い頃、いろいろなところに預けられていました。小学生になってから母親と暮らせるようになったのですが、いつも家で独りぼっちで、暗かったし、「自分は愛されていない」と自分のことが嫌いでしょうがなくなったときもありましたし、何度も親を恨んだこともありました。そんな私だから人から好かれるわけないし、友達もあまりできず、いじめられていたことだってありました。

ずっとずっと嫌な思い出ばかりでした。でもこのおかげで、人間関係をよくする方法を学ぼうと思いたって学んできたし、尊敬する人とも出会えた。子どもの頃、いろいろなところに預けられたおかげで、大人の顔色をうかがって生きてきたから、人の顔色を見るのが上手になった。心が弱かったから、少しでも強くなりたいと渇望してきたからこそ、心理的にもまだまだ勉強中ではありますが、心のことが少しはわかるようになりました。

過去をどう見るのか、どう捉えるかは、あなた次第です。
でも、ひとつ言えることは、プラスに見たほうが、未来は絶対明るくなります。なぜなら、未来は〝今、この瞬間〟の延長だからです。

第2章の〝視点を変える〟を思い出してみてください。
あなたがあれだけ嫌だと思っていた過去の体験やトラウマが、プラスに見られたり、たいしたことないな、と思えたとき、自分はその物事よりも確実に大きくなっていると言えます。

もし、どうしてもプラスに見えないとき、過去に執着しているときは、「モリバー法」で心を大きく持って、それに向き合ってみると良いでしょう。
どうしても、プラスに見えなかったらどこか大声を出せるところで、なるべく大きな声で、次のように叫んでください。

「悪い過去は続かない！　私（オレ）の未来は超ハッピーだ〜!!!」

〝今、この瞬間〟がすべての始まり

未来を変えるためには、今を変えればいい。

当然だし、よく言われることだけど、未来は〝今、この瞬間〟の延長上にある。

だから、未来をよくするには〝今、この瞬間〟を変えればいい。

緊張していた自分が嫌なら、〝今、この瞬間〟から、落ち着ける自分になればいい。

自分のことが嫌いだったら、〝今、この瞬間〟から、好きになれるような自分になればいい。

パートナーと仲が悪く、仲良くしたいなら、〝今、この瞬間〟から、仲が良くなるための努力をすればいい。

過去のトラウマに悩まされているなら、〝今、この瞬間〟から、そのトラウマの見方を変えればいい。

未来を変えたいなら、〝今、この瞬間〟から変えましょう!!

他の人から見てどうかではないです。あなたはあなたの人生を生きているのです。自分がそれをどう見て、自分がそれをどう捉えているかが大切なのです。

自分のセルフイメージを変える「寝るハピ言」

〝今、この瞬間〟から、自分を変えるなら、自分のセルフイメージを変えてしまうことです。

いくら「どんな状況でも落ち着ける自分になろう！」と思っていても、自分の心の中では「人前に出ると自分はすぐあがっちゃうからな」というセルフイメージを持っていたら、変わるはずがありません。
では、どうすればよいのか？
あなたにとっておきの方法をお伝えしましょう。
自分が苦手なこと、自分が変えたい！　と思うことを、次のように変えてみましょう。

「人前で話すのが苦手だ」
↓「人前で話すのと楽しい〜！」

●「みんな（同僚たち）の前で電話に出るのが苦手」
↓「みんなの前で、電話に出て話すのが楽しい〜！」
●「野島部長と話すと緊張してしまう」
↓「野島部長と話すことができると、うれしい〜！」
●「新しいことにいつも挑戦できない！」
↓「新しいことに挑戦するのが、楽しい〜！」
●「偉い人にお茶出しすると手が震えるから、苦手」

ここを折る

↓「偉い人にお茶を出すのが、楽しい～！」

●「帰宅した夫と顔を合わせるのが嫌だ」

↓「夫が帰ってくると、うれしい～！」

自分が苦手なことを逆にして、寝る前に口に出してつぶやく。

やってみるとわかりますが、つぶやいた通りになっていきますよ。

なぜ、変わるかと言えば、カンの鋭い方は気づいたでしょう。

実はこれ、「結合法」です。

苦手な物事を「意識でできること」と結合させることにより、「意識でできないこと」もアファーメーション（自己暗示）として入れているのです。

公式的に言ってしまえば、次の通り——。

意識ではできないことをさせるときは、

「【意識でできること】をすれば、【意識でできないこと】になる」

と言えばいい（つぶやけばいい）。

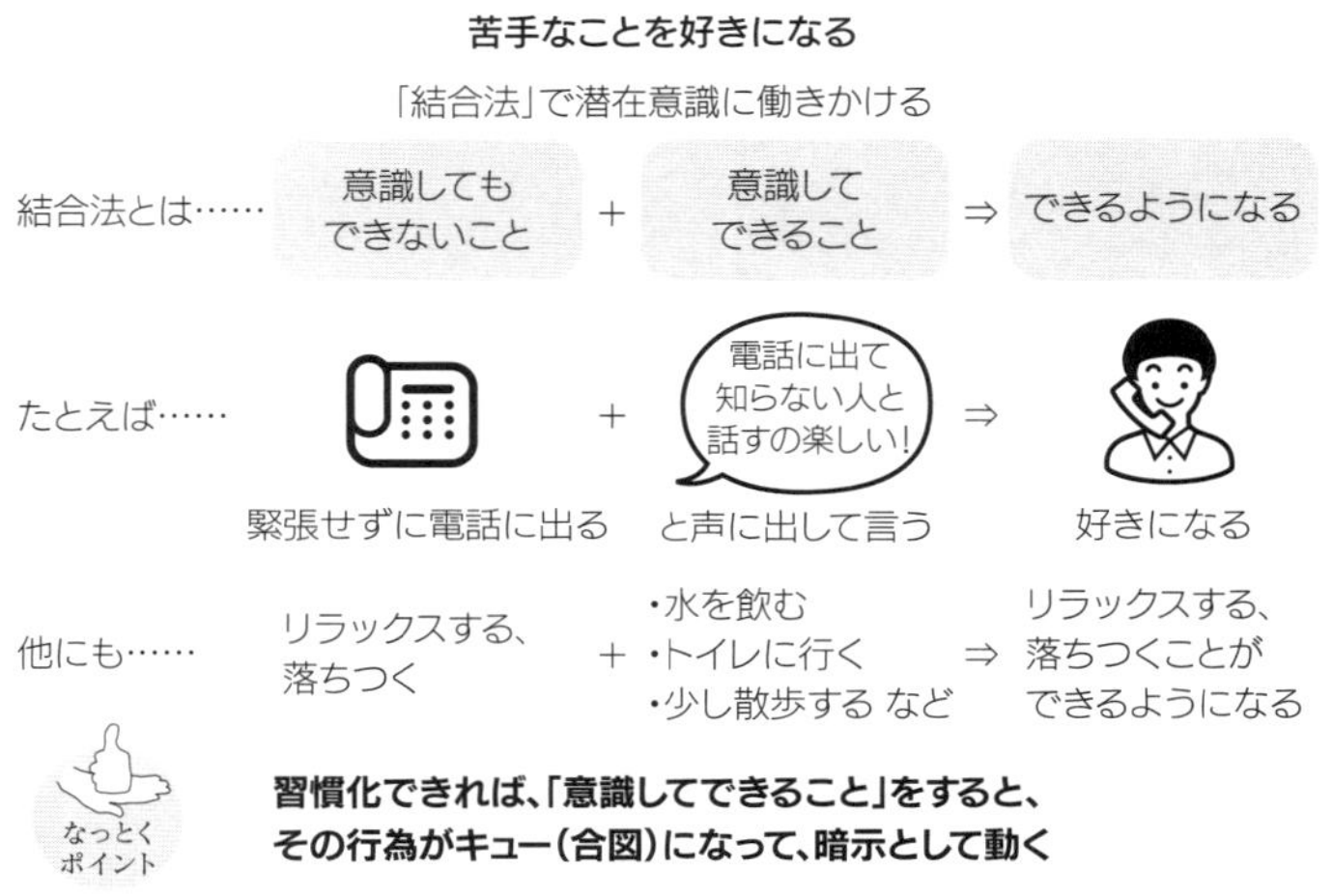
苦手なことを好きになる
「結合法」で潜在意識に働きかける
結合法とは……
意識しても
できないこと
＋
意識して
できること
⇒
できるようになる
たとえば……
＋
電話に出て
知らない人と
話すの楽しい!
⇒
緊張せずに電話に出る
と声に出して言う
好きになる
他にも……
リラックスする、
落ちつく
＋
・水を飲む
・トイレに行く
・少し散歩する など
⇒
リラックスする、
落ちつくことが
できるようになる
なっとく
ポイント
習慣化できれば、「意識してできること」をすると、
その行為がキュー（合図）になって、暗示として動く

「人前で話すのが苦手だ」
↓「人前で話すの楽しい—!」

「意識でできること」、この場合でしたら「人前で話す」という行為をすると、潜在意識の中ではその行為がキュー（合図）となって、「意識でできないこと」（楽しい～!）が暗示として動き始めてくるのです。

「今、人前で話始めたな……あれっ人前で話したら何か起こるんだっけ……、あ、そうだ、『楽しくなる』んだった……」

こんなふうに、潜在意識の中では動いているんです。あくまで意識で起こるのではなく、潜在意識レベルですから。

なぜ、寝る前か？ と言えば、睡眠に入

ると意識が隠れ、潜在意識が活性化するようになります。ですので、潜在意識により直接的に投げかけるためです。

そして、実際に言葉を発することで、それが実現化しやすくなります。その効果は第3章で実践していただいたのであればおわかりになったでしょう。

この方法は「寝る前に唱えるハッピーな一言」ですから、略して「寝るハピ言（ねるはぴごと）」です。

ポイントは、「感情を込めてつぶやくこと」と「その良いイメージを持つこと」。

感情を込めるとは楽しそうにうれしそうに言うこと。まずは、ただつぶやくだけでもいい。でも、だんだん感情を込めて言うようにもしてほしい。

そして、例えば、同じ部署の朝礼で、同僚たちの前で楽しそうに話している姿をイメージする。もうあなたは、イメージすることの大切さ、わかっていますよね？

今まで実践してくれた人から、

「これ、効果高いですね！」

「苦手だった人とすごく仲良くなりました」

ここを折る

と何人に言われたか、数えきれません。

実際につぶやいた人だけがわかる魔法のセリフです！

ぜひ、今日の寝る前から実践してみてください。もちろん、寝る前だけでなく、日頃から口に出しても良いですよ。

コーヒーを美味しく飲むためには、コーヒーは熱いうちに飲め！　でしたよね！

変わりたいなら、〝今、この瞬間〟から変わろう！

緊張していた自分が嫌なら、〝今、この瞬間〟から、落ち着ける自分になればいい。

それにもかかわらず、普段の生活で「オレ、緊張しちゃうんだよなー」などと人に言っていたり、ちょっとしたことでビクビクしていたのでは、あなたのセルフイメージは変わりません。

では、どうすればいいか？　カンタンです。

〝今、この瞬間〟から、あなたが「なりたい自分」になればいいってこと。未来は〝今、この瞬間〟の延長ですから、「なりたい自分」に〝なった〟と思って、物事を考え、言葉を発し、行動することです。

例えば、落ち着いている人は、朝からバタバタ準備したり、時間ギリギリに家を出て通勤電車に飛び乗ったり、就業時間ギリギリに出勤したりなど当然しない。睡眠時間を短くしても、朝早く起き、準備などにも時間に余裕を持たせようとします。

会議などで自分が指されそうになったとき、当然指されないように、下を向くとかダメ。そういったときにこそ堂々としてよう。別に答えられなくたっていい。勇気がいるかもしれませんが、わからないなら「わかりません」と答えたっていい。

ちょっとしたことでイライラするなんて、落ち着いている人ではありません。イライラしそうになったら、自宅ならその場で、会社ならトイレに行って、「指ぶら体操」をイライラが取れるまで何度も行なえばいいし、「モリバー法」をしたっていい。**自分自身でコントロールして心を静めましょう。**ふつう、人は「心の機能」は意識ではコントロールできません。でも、あなたはコントロールできるようになる方法を知っている。なら、試せばいい。できるようになるまで、何度も繰り返せばいい。

イライラや不安などを意識でコントロールできるようになったら、当然そのへんの人とは違うし、成長は著しいと自信を持っていい。

また、まわりの人はどういうときにイライラしたり、どういう言葉がツボにハマり、自尊心をくすぐられて喜んだり、楽しくて笑ったりするのか、観察してもいい。すると、当然、「見ている側」になるから、どのような状況でも落ち着けるようになります。

そして**大切なことが、「落ち着いている自分になった」のなら、人が見ているときだけでなく、見ていないときも「落ち着いている自分になった」ものとして行動する**ことです。誰も見ていない、家の中や自分が運転する車の中、一人で牛丼屋に行ったときでも、です。


「表」と「裏」の両面でやるから、本当に落ち着いている人になるのです。

言うならば、「なりたい自分」の『器』ができ、当然「なりたい自分」の『器』ができれば、「なりたい自分」に自然となっていくのです。

私もコンサルタントとしてお店を指導していると、スタッフから、

「自分が店長になったら、こういうふうにするのに！」

「私を店長にしてくれれば、もっとうまくやるのに！」

などと聞きます。なら、店長になってからするんじゃなくて、〝今、この瞬間〟から「自分が店長になった」つもりでやればいい。


自分は「もう店長になったもの」として仕事をしていけば、当然、店長としての『器』ができます。すると、上から見れば、

「アイツは店長じゃないのに、店長の仕事をしているな。じゃ、店長の実力があるから、店長を任せよう！」

という話になり、本当に店長になっていくのです。


成功体験を積むから、自信が持てるようになるのではありません。「根拠のない自信」でいいから自信を持つようにすると、自信がある人の『器』ができるから、成功体験がどんどんできるようになるのです。

そのためには覚悟が必要です。

「落ち着いている人になった」「なりたい自分になった」という覚悟を持つことです。

本当はなりたいのに、覚悟を持たないからいつまでたってもなれない。類に手をくっつけるワークを前章で行ないました。「くっついたらいいな」ぐらいの気持ちや、せっかくくっついても「剥がれちゃうかもしれない」と思えば、剥がれていく。でも、「くっついた」と覚悟を持って行なえば、剥がれません。

もちろん、人間は機械ではないから、１００％完璧ではありません。もし仮に取れたとしても、「やっぱダメなんだ」と思わずに、もう一度仕切り直して、今度はより強く「くっついた」と思って行なえばいい。そうすると、精度が増してくるのです。スポーツでも同じですよね。

あなたが「なりたい自分」というものがあるなら、覚悟を持って、それになろう。いや、もう〝なった〟ものとして、人が見ているときも、見ていないときもなりきりましょう！

☺「折れない心」を90日間でつくる方法

自分で心が弱いなと感じるなら、強い心を持った人になればいい。それと同時に、次のことをまずは90日間を目指してやってほしい。

これだけで、確実に心が強くなります。自分に自信が持てるようになります。

なんでも良いので、カンタンにできること。なるべく自分以外の人が喜ぶことがいいですね。ちょっとしたことでいいので、やるべきことを決めたら、それを毎日繰り返してください。

例えば、「玄関の靴を揃える」でもいいし、「玄関やトイレのスリッパを揃える」だっていい。もしくは、「職場の休憩室のテーブル拭き」でも「事務所の灰皿交換」「ロッカールームの掃き清掃」だっていい。

なんでもいいから、毎日確実にできるものを決めて、それを必ず行なう。

会社やお店などだったら、その出勤日だけでもいい。

なるべく自分以外の人が喜ぶことがいいのですが、なければ、先程の寝る前の「結合法」だっていい。

どうして、これで心が強くなるかと言えば——

自分で決めても、どうしてもサボろうとか、「今日ぐらいいいや」「明日やればいい」とか、「今日はきれいだから、やらなくていいか」となる。

そう、自分の心の中に弱さが出てくる。その自分の弱さに打ち勝つ。それを毎日続けることにより、何度も自分の弱さに打ち勝つようになる。すると、だんだん心が強くなってくるんです。

カンタンなことだけど、毎日続けていると必ず自分の心の中に弱さが出てきますから。それに打ち勝ってください。毎日やり続けてください。

「そんなちょっとのことをやるだけで、本当に心が強くなるの?」と思う人もいるでしょう。ちょっとのことでいいんです。いいや、むしろ毎日のストレスにならないぐらいの小さいことのほうがいい。

バッグの中が汚い人は、会社のデスクの引き出しの中も、家の机の中もクローゼットの中だって汚い。**その人のやることはすべて金太郎飴のように、どこで切っても繋がっています。**

「あの人は仕事は真面目だけど、プライベートはだらしない」などと言ったりしますが、本当はそんなことはありません。プライベートがだらしのないように見える人は、仕事だって間違いなくだらしない。ただ能力が高かったりして、仕事がデキる分、だらしのないところが目立ってないだけです。

会社のデスクまわりをキレイにしたいのなら、まずはデスクの1段目だけは毎日キレイにするとか、もしくはもっとミニチュアなことで、財布の中だけはキレイにする、でもいい。すると、そこをキレイにしていると、すべては繋がっているから、他もだんだんキレイになっていくのです。

だから、小さいことをやり続けることで、自分の心の弱さに打ち勝つだけでなく、すべてのことは繋がっているから、大きなことも成し遂げられるようにもなっていきます。

それと、なぜ、**自分以外の人が喜ぶことがいいかと言ったら、それは心がキレイになるから。**

毎日、職場の休憩室のテーブルを拭いてみてください。

それを毎日続けていけば、絶対、心がキレイになっていきますから。自分以外の人が喜ぶことを毎日行なっていて、キレイにならないわけがありません。

その代わり、自分が好きでやっているのですから、他人に強要したり、キレイに使わない人がいるからってイライラしたり、「オレがキレイにしてあげているんだから」って恩着せがましくしちゃダメですよ。

これは、ただ毎日淡々と実践すればいいだけ。自分自身の心を強くするために行なうのですから。

また、こういうことを伝えると、いきなりハードルの高いものから始めようとする人がいます。頭の良い人に多いのですが、つい最初から難しいことをやろうとします。

「毎日、半径10メートルの自宅のまわりの清掃をする」とか言い出す。

「それを、本当に毎日できますか？」と聞きたい。

雨や台風の日でも、前の日すごく酔っ払って帰ってきた日も、病気をしてしまった日だってやるのでしょうか？

ここを折る

ハードルの高いものだと、3日もたてば嫌になっちゃいます。そうでなくて、毎日確実に続けられるものを決め、実施してください。

当然、現在、毎日やっているもの、習慣になっているものはダメですよ。

例えば、夜、歯を磨く。会社に行ったら、「おはよう!」とあいさつする。また、自分がやるべき仕事の一部などは多くの人が現在も毎日やっていることでしょう。

今までやっていなかったこと、もしくは毎日続けていなかったことにしてください。

何を行なうか決め、実施したら、手帳でも、カレンダーでもいい。毎日実行した日に「○（マル）」をつけるようにしてください。オススメは、トイレのカレンダーに「○」をつけること。トイレなら出張などで家を開ける日以外は毎日行くでしょうし、きちんとできているのかのチェックや「○」がたまっていくことを見ることもできるでしょう。

この「○（マル）」がついた日が多くなればなるほど、あなたの心は確実に強くなっていきますから! まずは90日を目指して行なってください!

第7章

相手に心を向ける。

☺すぐ緊張してしまう人の決定的な特徴

多くの人が緊張してしまう、あがってしまう場面といえば、やはり大勢の前で話すときやスピーチをしなくてはならないときでしょう。

そもそも、なぜ、大勢の前で話すとなると緊張してしまうのでしょうか？

その前に、あなたが大勢の前で話すことになった際、あなたはこんなことを考えていませんか？

「ちゃんと話せるかどうか不安だ」

「また緊張しちゃって、手や足が震えたり、顔が赤くなったらどうしよう」

「バカにされたくない、カッコ悪い姿をみんなに見せたくない！」

「話の内容に自信がないけど、大丈夫かな……」

「変な質問しないでほしいな。質問されたとき、うまく答えられなかったらどうしよう」

「急に話が飛んじゃって、頭が真っ白になったらどうしよう」

「声がどもったり、話に詰まったらどうしよう」

「あー、偉い人が見ていなければいいな」

「ホワイトボードに書くとき、手が震えたらどうしよう」

「すごい人だと思われたい！　デキる人だと思われたい！」

「頭が良いと思われたい！」

「この話なら時間も稼げて、すぐ終わるかな」

「反対意見とかされたら嫌だな……」


これって、全部自分のことばかりではないですか！

あなたの話を聞いてくれている人たちのことなんか考えないで、自分のことばかり考えている。

すぐに緊張してしまう人、あがり症だという人には、決定的な特徴があります。
それは――〝自分のことしか考えていない〟ということです。

自分を良く見せようとか、自分の恥ずかしい姿を見せたくないとか、話につっこまれたくないとか、バカに見られたくないとか、緊張しているのがバレたら嫌だとか、デキるように見られたいとか、ぜ〜んぶ人からよく見てもらいたいだけ。

厳しい言い方だったかもしれません。でも、私も以前はそうだったから、よくわかるんです！　相手のことやまわりのことなんか考えないで、自分のことばかり気にしていた。だから、必要以上に緊張していたんです。

大勢の前であろうが一対一であろうが、目の前の相手やまわりに心を向ければ、絶対に緊張なんてしません！　あがったりなんかしません!!

相手に心を向ければ、緊張なんかしない！

74ページで、どんなあがり症の人でも絶対に緊張しない場面があるとお伝えしました。
そう、それは、おばあさんに駅などで声をかけられたとき。

おばあさんに心を向けて、おばあさんにわかりやすいよう丁寧に説明したり、時間があれば近くまで一緒に行ってあげるかもしれません。

おばあさんの気持ちになって、優しい声のトーンで、ゆっくりわかりやすい言葉で、なかには少しかがんで目線を合わせて説明してあげる人もいるかもしれません。

また、118ページでは、私がセミナー講師を始めたばかりの頃、恥ずかしながら、受講者からの質問タイムが怖かったとお伝えしました。それは、

「威厳があるように見られよう」

「頭が良いように見られたい」

「うまく答えられなかったらどうしよう」

と、自分のことばかり考えていたからです。でも今は、

「どう説明したら、わかってくれるか」

「どういうたとえ話をすると、相手の理解が深まるか」

「その質問の意図はなんで、本当に聞きたいことはなんだろう」

「聞いている人以外にも伝わるには、どう答えればいいか」

というように、相手に気持ちを向けるようにしています。そう心掛けていれば、緊張

なんかしなくなります。というか、**本当に相手に心を向けていたら、自分のことなどどうでもよくなります。緊張なんてしている暇がなくなります。**

それから75ページから空中アスレチックの話をしました。それまでは、私はあまりの恐怖に、足をブルブル震わせながら、恐る恐る一歩ずつ進んでいました。

しかし、「娘を助けなきゃ！」と娘に気持ちを向けたとたん、足の震えはピタッと止まり、まるで地上にあるカンタンなアスレチックのように、小走りしながら、クリアすることができました。

自分を超えて、相手に心を向けたとき緊張なんてしなくなるのです。

例えば、人前で話すときだって――

「自分の話を聞いてくれるなんてありがたいな」
「相手に興味を持ってもらえるように話すにはどうしたらいいか」
「聞いてくれる人たちが、ハッピーな気分になるようにこの話をしよう」
「この話は、相手にとってわかりやすいだろうか」

「この話をすれば、聞いている人たちにとって役立つかな」

「今の話、伝わったかな？　わかりにくそうな顔をしていたから、違うたとえで話そう」

「最近、中里さん元気がないから、彼が元気を出せるよう、自分の失敗談を話そう」

「いつもまわりに助けてもらっているから、その感謝の気持ちを話そう」

「少しでも聞いている人たちのモチベーションが上がるためには、どうすればいいかな」


このように自分が緊張するとか、自分のことをよく見られたいとか、自分のことなんか放っておいて、相手に心を向けたとき、緊張なんてしなくなるし、たとえ話し始めは緊張していたとしても、じきに緊張が和らいできます。

自分のことばかり考えている「自分視点」だから緊張するんです。相手に気持ちを向ける「相手視点」に立てば、緊張なんかしませんよ。

よく緊張してしまうという方は、もっと目の前の相手に気持ちを向けてください。もっとまわりを見てみてください。

☺朝礼、初対面、高級レストラン……「相手視点」に立てば、グッとラクになる！

朝礼で自分の話す番がまわってくると、緊張する人は、せっかく聞いてくれている人そっちのけで自分のことばかり考えています。「(私が) 緊張したらどうしよう」「(私は) デキる人に見られたい」「(私は) 話し下手だけどどうしよう」「(私を) どうアピールしよう」とか、なかには「(私のために) どう時間をつぶそうか」と考える人までいます。当然ですが、全部「自分視点」ですね。

だいたい「時間をつぶそう」とか、話を聞いてくれている人たちに対して失礼極まりないし、朝から自分のことしか考えていない人の話を聞かされるほうもたまったもんじゃありません。

話下手だっていい。うまく話せなくたっていい。(朝から聞いてくれる人たちが)「少しでもハッピーに仕事ができるような話」や「いつも自分のことを助けてくれている感謝やお礼の言葉」だっていい。また、(まわりの相手に)「少しでも仕事に役立つ情報」であったり、「少しでやる気になったり、楽しい気分になる話」でもいい。「相手視点」になれば緊張なんかしなくなります。

初対面の人と会う場合でも緊張してしまう人は多いです。相手に気に入られよう、良く見られよう、営業につなげよう、なんか厳しそうな人で怖いな、などと思うと緊張してしまう。気に入られようと思うより、相手のことを気に入ろう、相手に興味を持とうと思えば、緊張なんて和らぎます。

また、相手に気に入られよう、好かれようと思わなくたって、相手を気に入ろう、相手のことを好きになろうと思うと、相手も気に入ってくれるようになるものです。それは人間関係は鏡写しだからです。これは上司や同僚との関係も同じですよ。上司や同僚に気に入られたいと思うのなら、まずは自分が上司や同僚を気に入ってください。好きになってください。

高級レストランに行ったとき緊張するのは、「自分は場違いじゃないかな?」「この服装でおかしくないかな?」「ナイフとフォークがうまく使えているかな?」「ワインのテイスティングのやり方はおかしくないかな?」などと「自分視点」だからです。

「一緒に食事をする相手を少しでも楽しませるためにおもしろい話をしよう」「より美味しく食べてもらうために、美味しい〜とつぶやいていかにも美味しそうに食べよう」「相手も緊張しているようだから、笑わせてその緊張を和らげてあげよう」などと「相手視点」に立てば、緊張なんてしなくなっていきます。

最低限のルールや知識は学んでおく!

しかし、当然ながら、最低限のテーブルマナーをわかっていないと緊張します。

ある程度の年齢になったのなら、最低限のテーブルマナーは身につけるべきでしょう。

私はカリスマ・マナー講師として知られる、西出ひろ子先生のテーブルマナー教室に行き、和食や洋食の食事の仕方、シャンパンやワインの飲み方などを勉強しました。それからは高級なお店に行っても、テーブルマナーでビクビクせず、食事をゆったり楽しめるようになりました。

ここを折る

不安な人は、このようなマナー教室に参加したり、テーブルマナーの書籍を読んだり、マナーを身につけている友人や先輩に教えてもらうなど、勉強することをススメます。

どんなことにも言えることですが、何か物事を行なう際、その最低限のルールや知識は事前に身につけておくべきです。レジスターを打ち込むのに、打ち方を知らなければ緊張するのは当然ですし、自動車の運転の仕方も知らないのに、公道を自動車で走ったら危ないし、緊張するのは当たり前です。プレゼンの最低限のルールの勉強もしないで「緊張する」とか、名刺交換の仕方も学ばないで「名刺交換ときに手が震える」なんて、当たり前のことですよね。

自分が緊張してしまうことに対しての最低限の知識を持つなどの準備はしっかりしましょうよ。

「自己紹介」はその場で考えてはいけない!

何かの集まりなどでも、ちょっとした自己紹介がある場合があります。

こういった自己紹介が始まると、自分の番が回ってくるまで他の人の話をほとんど聞かず、「自分は何を話そうか」と考え込んで緊張している姿がよく見受けられるのですが、これはやめるべき。

なぜかといえば、**人の話も聞かずに自分の話すことを考えるということは、「自分は何か事前に考えないと話すことができない」というアファメーション（自己暗示）になってしまうから**です。

だから「何か話してください」とか言われたり急な質問が来ると、「何を話すか考えなくては……」「急に言われても……」などと緊張してしまうのです。ちょっとした自己紹介なら、名前以外に出身地や職業、趣味、好きな食べ物など、ほとんど考えなくたって話せるはずですし、だいたい家族や友人、後輩など親しい人となら、何も考えずに話すことができているはずです。もしどうしても自己紹介などでテンパってしまうなら、事前に30秒か1分程度で話せる自己紹介をつくって覚えておけばいいのです。

自己紹介の場では、自分のことをよく見せようと思うよりもまず、相手の自己紹介をしっかり聞いてください。聞いてあげてください。

考えてもみてください――あなたが人前で話したとき、どんなに緊張していても、あなたを見て笑顔で頷いてくれる人がいると、すごく気持ちがラクになりませんか？　そういった笑顔やリアクションのおかげで、緊張もだいぶほぐれた経験があるでしょう。

だったら、他の人が話している際は、**あなたの聞いている姿勢で他の人の緊張を和らげてあげましょうよ。**とくに緊張している様子がわかる場合にはなおさらです。頷いたり、「おお！」などとリアクションしたりしてあげたり――これこそ「相手視点」ですよね。

そうすると、当然相手はうれしく感じるでしょうし、あなたが相手に心を向けることで、あなた自身の緊張だって和らいできます。

自分が「何話そうか」と思うと「自分視点」になり緊張するけど、そんなこと考えずに相手の話を聞いていると、自然と「相手視点」に立ち、落ち着いてくるようになるのです。

それに、考えてみてください。

あなたがそつなく自己紹介するよりも、「自分の自己紹介に興味を持って聞いてくれていた」と相手が感じることのほうが、よっぽど相手やまわりにいい印象を与えると思いませんか？

だいたい自分が緊張するくせに、相手の話も聞かないで自分のことばかり考えて、リアクションもせずつまらなそうな顔で聞いている――。そういった人たちの反応に今までどれだけ恐怖感を感じたでしょうか？　嫌な思いをしてきたでしょうか？　ならば、あなたが聞く側のときは相手にしっかり心を向けましょう。

「相手に心を向けても緊張が取れないんですが……」

「目上の人や偉い人、大事な取引先と話すと緊張する」という人もよくいます。相手に粗相があってはいけない。偉い人や大事な取引先だから立てないといけない。これも相手に心を向けた「相手視点」だと思うんですけど、やっぱり緊張しちゃうんです……と。

確かに、一見「相手視点」のようです。でも、本当に相手に心を向けているでしょうか？

実は「自分視点」になっていないでしょうか？

相手に心を向けていると言いながら、「何か粗相を起こして失敗したら嫌だな」とか「礼儀も知らない人だと思われたら嫌だな」と思っていたり、相手よりもスケジュールのことばかり気にして「次はどこにお連れすればいいんだっけ？」などと、自分のことをメインに考えていたりする。確かに表面的には相手に心を向けていますが、心の奥底では自分のことを考えていないでしょうか？

彼氏と2人で雰囲気の良いレストランに行った際、彼氏の食べ方が汚くて気になった。「そういう食べ方、直したほうがいいよ」「これは、あなたのために言っているのよ」と注意しながら、本心では自分がその彼氏と食事している姿が恥ずかしいと思って言っているだけの場合ってありますよね。それと同じようなこと。

こういうのは「心のベクトル」で表すとわかりやすいのですが、相手向きのベクトルは細く、自分向きのベクトルは太くなっています。本当の意味での「相手視点」だと、相手に対して太いベクトルになっています。

言うならば、相手に心を向けるとは、相手を包み込んであげるということです。このことは目上の人であったとしても同じ。包み込んであげればいいんです。

目上の人があなたを殺そうとしているとか、これで失敗したらクビになるとか、あなたに危険があるのなら、防衛反応の緊張だからわかります。でも、そうでないなら、しっかりと相手に心を向けてください。

文句やグチを言う本当の意味

夫婦・恋愛関係、友人や職場の人間関係だって、相手に気持ちを向けるようになると、うまくいくようになります!!

会社や上司の文句ばかり言っている人は、自分のことしか考えていません。旦那や嫁の文句、恋人や友人の悪口ばかりを言っている人も自分のことしか考えていません。

あなたのまわりでも、文句やグチ、悪口ばかり言っている人がいるでしょう。

耳を澄まして、よーく聞いてみてください。

「会社はあ〜だこ〜だ」「上司はあ〜だこーだ」「嫁や旦那はあ〜だこ〜だ」と言っている。でも、結局言っていることは文句やグチを言いながらも、

ここを折る

「なぜ、オレをもっと重宝しないんだ」

「自分の考えを採用してくれない、上司はバカだ！」

「なんで、私はこんなにがんばっているのに、認めてくれないのよ」

「あの人は、私に感謝することを知らない」

「誰のために、こんなにがんばっているかまったくわかっていない」

「（会社は、上司は、嫁は、旦那は、）私のことをぜんぜんわかってくれていない」

など、結局のところ、「自分のことをわかってほしい」という想いではないでしょうか？


会社のグチであろうが奥さんや旦那の悪口であろうが、あるいは親に対してだろうと、よく聞いていき、つきつめていくと、言っていることは**「私のことをわかってくれない」という不満の想い**です。

誰しも「自分のことをわかってほしい」と思っています。

相手に心を向けるとは、「相手のことをわかってあげよう」とすること。

誰だって人は自分のことをわかってほしい、認めてほしい、理解してほしいと思って

いる。相手のことをわかろうとすれば、人間関係がうまくいくようになります。

相手に心を向ければ、人間関係だってうまくいく！

例えば、仕事から家に帰ったそうそう妻がイライラしていて、あなたにアタってきたら、あなたも頭に来るでしょう。

飲んで酔って帰ってきたため、玄関で、

「ただいま～、ちょっと水持ってきて～」

と言ったら、イライラした口調で

「もー、そんぐらい自分でやって！」

と言われたら、ムカっとするのでないでしょうか。仕事で疲れて帰っているのに、イライラをこっちに振るなって思いませんか？　だから、あなたもイライラしてきて、次のようにアタってしまう。

ここを折る

「水ぐらい持ってきてくれてもいいだろう！　だいたい、自分がイライラしてるからって、こっちにアタるなよ!!　こっちは仕事で疲れて帰ってきたというのに!!」

「何よ！　アナタは、仕事って言いながら、好きで飲んで帰ってきただけのクセに!!　私のことなんて何もわかってくれない!!」

こんなふうに、ケンカになってしまうかもしれません。奥さんは、いかにも納得していない、という感じでドアをバンッと乱暴に閉め、別の部屋に行ってしまうかもしれない。

そして、それからしばらくの間、あなたが話しかけても無視されたりして、家中気まずい雰囲気になっていく――。


でも、相手に心を向けたら対応も変わるのではないでしょうか？

「ちょっと、水持ってきて～」

と言ったら、イライラした口調で
「もー、それぐらい自分でやって！」

と返ってきた。イライラしているのを察して、

「わかったよ」

って言って自分でやればいいし、

「なに、イライラしてんだ！」

と頭に来るのではなく、心を向けていたら「どうして、イライラしているんだろう？ 今日、何かあったのかな？」と思うのではないでしょうか？　そしたら、

「今日、何かあったの？」

と聞いてあげれば、

「もー、子どもが寝る前になってグズって、暴れて、しょうがなかったのよ」

などと言うかもしれない。そしたら、

「それは大変だったね～。どれだけかわいい子どもでも、そりゃ頭に来るよね～。それにキミは人一倍がんばってるしね。――いつもありがとね！」

など相手に心を向けて言えば、「私の気持ちをわかってくれた」と相手のイライラも静まってくるかもしれません。

もしくはイライラしている様子を見て、今は放っておいたほうが良いと思ったら、放っておいてあげても良いかもしれません。

ここを折る

自分のことしか考えていないときは、相手の一部分しか見えていません。この場合なら「相手がイライラしている様子」と「ムカつく口調」です。

しかし相手に心を向ければ、視野が広がりいろいろなことが見えるようになるし、ムダなケンカもなくなり、人間関係が悪くなることはありません。

これは「ガマンする」とは違いますよ。相手がイライラしているとき、自分もイライラしたのにガマンするのは、「自分視点」ですし、気持ちを押さえつけてもいつかは爆発してしまいます。

😊 相手に心を向けると、視野が広くなる！

上司に叱られたときだって、自分のことしか考えていないと、叱られても

「オレがどれだけがんばっているか、結局わかってもらえていない」

「そんなちょっとのことでガミガミ言う必要ないじゃん」

「自分だってデキてないときあるだろう！」

「なんで、他の奴にはあまり言わないでオレにばかり言うのだろう」

など、反発心が生まれるかもしれません。

でも、上司に心を向けていたら、

「こうやって叱ってくれるなんて、よく考えたらありがたいな。本当は嫌なこと言いたくない人なのに……。次からはこの期待に応えるよう精一杯やろう！」

「叱るって、ほめる以上に大変なことだし、エネルギーいることだよな。ありがたいな」

「そういえば、オレってなんだかんだ言って上司に目をかけてもらえているよな。それにもかかわらず、こんなちょっとしたことで叱らせるなんて申し訳ないな。これからはしっかりやろう！」

などとまったく違う反応になるかもしれません。


相手に心を向けたとき、視界が広くなります。今まで見えなかったもの、曇っていたものが見えるようになってきます。

ここを折る

自分のまわりを見渡してください。とくに、あなたの大切な人、もしくは大切にしなければならない人に心を向けてください。

例えば、大切な人の手が見えるかもしれません。気づいたらシワが増え、シミができて、荒れていたり、指先の汚れが全部落ちなくなっていることもあるかもしれません。

自分の大切な人に心を向けたとき、今までとは見えるところも見え方も違ってくるのではないでしょうか――。

相手に心を向ければ、すべてのことが網羅できる！

本書は7章にわたって、あなたがあがりや緊張を克服できるよう、あなたの不安や悩みが解消できるよう、あなたの肝心なときに力が発揮できるよう、あなたの人生が少しでもハッピーになれるよう、すべて私が実践してきた具体的なノウハウや考え方をお伝えしてきました。

そのすべてに共通している（すべてを網羅している）ことがあります。

それは、〝相手やまわりに心を向ける〟ということです。**あなたが相手やまわりに心を向けたとき、すべての問題は解決できるのです。**

相手に心を向けたとき、相手のことをわかってあげようと思ったとき、あなたの体にムダな力みは入っておりません。体はゆるんでいます。

カウンセリングの場合でもそうです。クライアントに心を向けて話を聞いているときは、カウンセラーを前から押してもビクともしません。しかし、クライアントに心を向けていなかったり、心を向けているようで自分のことや他のことを考えているときは、軽く押すだけでグラついてしまいます。

相手に心を向けたとき、相手をよく見なければなりません。すると、自然と「見ている側」になります。もちろん、「心のベクトル」だって外向きでし、視野が広がりよく見えるのではないでしょうか。

人間は本来、自分のことが一番大切な生き物です。自分のことを一番わかってほしい

ここを折る

と思っている。それを超えて、相手のことをわかろうとする。それだけで、あなたの心はポジティブだし、あなたの発する言葉はポジティブになるんです。

相手に心を向けた上で厳しい言葉を言っても、「折れない腕」は折れ曲がりません。一見ネガティブに聞こえる言葉も相手のことを心から考えた上でのポジティブだからです。当然、「これは、あなたのために言うのよ」などとよくある、自分よがりのもの、自分の型にハメようとしているものでは、腕も折れ曲がりますよ。

パートナーや上司（会社）に「自分のことを幸せにしてもらおう」と思っているから、心が凝りカタまり、イライラや不満、ストレスが出てくる。しかし、相手に心を向け、「自分がパートナーを幸せにしよう」「自分が上司（会社）を支えよう、盛り立てよう」と視点を変えたとたん、イライラや不満、ストレスなんかウソのように消えているはずです。

相手をわかろうとしたとき、一歩前になんか出る必要はありません。きっともう前のめりになっているだろうし、ビクビクなんかしていないでしょう。例えば、大切な人が質問してきたら、どう答えようかなんかじゃなくて、「助けてあげたい」「力になりたい」と思い、緊張なんてしている暇がないでしょう。それに自然とそれに適した答えが考えなくたって、出てくるはずです。

相手に心を向けたとき、自然と心だってゆるんでいます。相手をわかってあげようとした時点で、間違いなくあなたの心は大きくなっています。

相手をわかってあげようとしたとき、心理テクニックだって必要ありません。そのうえで発する言葉は、テクニック以上のものになっています。

あなたが相手に心を向けたとき、あなたの体も心もゆるんでいる状態になっているのです。

ところで、あなたが本当にハッピーだと思うときは、どういったときでしょうか?

あなたの人生が一番ハッピーなのは、自分が喜んだり楽しんだりするよりも、本当は、あなたの大切な人が喜んでくれたり、楽しそうにしていたり、ハッピーそうにしているのを、見たり聞いたりしているときではないでしょうか。

自分を超えて、自分の大切な人に心を向けてください。

――このことがあなたに一番伝えたかったことです。

あとがき

目的地までの行き方は、いろいろあります。

私は福岡にある妻の実家が大好きで、夏と冬に、それぞれ2週間近くの長期休暇をとって帰省しています。私が住んでいる東京から、福岡までの行き方はいろいろありますが、多くの人は最も短い時間で行ける「飛行機」を使うのではないでしょうか。しかし森下家は、飛行機の2・5倍以上の5時間かかりますが、こういった旅行では、家族で団欒しながら楽しんで行ける「新幹線」派です。ただ、夏は途中の関西や中国地方などにも旅行へ行けるので「自動車」で行くことが多いです。他にも、福岡までは、学生などで時間はあるけど金銭的に安く済ませたいなら「高速バス」や「在来線」を乗り継いで行く方法もあるでしょう。車で行きたいけど運転したくない方は「フェリー」でも行けるし、非常に過酷だけど「自転車」で横断するというのもあるかもしれません。

東京から福岡までの行き方は、今、出たのだけでも、七つあります。自分の好みや現在の状況に応じて、好きな行き方で行けばいい。でも、一つの行き方だけでなく、他の行き方も試しておけば、何かあったときでも対処できるはず。全部試せば、もう完璧です！　行き方に関しては知識や自信もつくでしょう。

何が言いたいかと言えば――

気づいた人も多いと思いますが、本書の7章までの構成がこれと同じです。第1章から第4章までは身体的アプローチから、第5章から第7章までは心的アプローチから、それぞれ別の方法でお伝えしていますが、どれも目的地は同じです。

あなたの好みや現在の状況、そのときの状態に応じて、七つある中の好きな方法で行なってください。一つだけでなく、他の方法も身につければ、不測の事態にも対処できるようになります。組み合わせればより効果は上がります。

七つすべて身につければ、当然プロフェッショナルになり、どのような状況にだって、あがったりせず落ち着くことができ、力を発揮することができるようになるでしょう。まずはあなたの好きな方法から実践して行き、身につけ、それから広げていってもいいかもしれません。

今の自分を超えよう！　と楽しみながら、実践して行っていただけたらと思います。

最後までお読みいただき、ありがとうございました。

本書の内容には、私が尊敬する石井裕之先生や、「心身統一合氣道」宗主の藤平光一先生のご著書、また私が通っている心身統一合氣道の師範から教えていただいたこと、またはそれによって見えてきたことも数多く含まれています。心よりお礼を申し上げます。心を鍛えたい、心を強くしたいと思っている方に武道は最適だと思いますが、なかでも心身統一合氣道は、心と身体をともに鍛えることができますのでおすすめいたします。

本書を刊行するにあたり、清流出版の古満さんには大変お世話になりました。古満さんには1年以上お待たせし、書き始めてからも私の仕事の関係で……というのは言い訳で、私自身の弱さのせいで何度も締切を延ばしていただきました。さぞかし調整などでご苦労があったことだと思います。また、非常にお忙しいのにもかかわらず、私が毎月開催している勉強会にも通っていただき、ありがとうございます。古満さんが担当してくださったからこそ、私もこの本を書きましたし、こうして最後まで書くことができました。

私は何冊書いても、一向に文章を書くのが上手になりません。そのため、執筆に非常に時間がかかりました。夏の家族の旅行中や休みも返上して書いていたので、妻はそのぶん、子どもたちのことなども見ないとならず大変だったと思います。いつも支えてくれて、本当にありがとう！

そして、最後の最後まで読んでくださって、ありがとうございます！

第7章にて「相手に心を向けよう」とお伝えしましたが、私にとって「相手」とは、今こうして読んでくださっている「あなた」のことです。その「あなた」に向けて、少しでもわかりやすいよう、伝わるよう、実践したくなるよう、文章が下手なりに何度も何度も書き直し、文字通り心を込めて書かせていただきました。

あなたが長年愛用しているお気に入りの洋服のような、そんな一冊になってくれたら、これほどうれしいことはありません。

森下裕道

参考文献

『一対一でも、大勢でも人前であがらずに話す技法』
森下裕道著（大和書房）
『氣の威力』
藤平光一著（幻冬舎）
『心を静める』
藤平信一著（幻冬舎）
『ダメな自分を救う本』
石井裕之著（祥伝社）

森下裕道（もりした・ひろみち）

パーソナルモチベーター。接客・営業・店舗運営コンサルタント。株式会社スマイルモチベーション代表取締役。

中央大学卒業後、株式会社ナムコに入社。異例の早さで新規事業店の店長に抜擢。独特な接客法で、月間売上1億円の達成や不振店舗を次々に立て直し、カリスマ店長と呼ばれるほどに。現在は接客、営業、人材育成、人間関係のコミュニケーション問題の観点から講演やコンサルティング活動、執筆などで幅広く活躍。

著作に『一対一でも、大勢でも　人前であがらずに話す技法』（大和書房）、『「なりたい自分」になる4つの方法　人生が駆け上がる話し方』（日東書院）、『自分の居場所の作り方』（フォレスト出版）、『店長の教科書』（すばる舎）、『また会いたい！と思わせる人との接し方』（辰巳出版）など多数。

森下裕道公式ホームページ　http://www.morishitahiromichi.com/

本番に強い人は、ヤバいときほど力を抜く
人前で話すのが劇的にラクになる7つの技法

2015年11月25日発行［初版第1刷］

著者　森下裕道
発行者　藤木健太郎
発行所　清流出版株式会社
東京都千代田区神田神保町3-7-1 〒101-0051
電話 03（3288）5405
http://www.seiryupub.co.jp/
（編集担当　古満　温）
印刷・製本　図書印刷株式会社

乱丁・落丁本はお取り替え致します。

ISBN 978-4-86029-439-7